PSICOLOGIA PARA SAÚDE MENTAL E SEGURANÇA NO TRABALHO

LÚCIA SIMÕES SEBBEN

PSICOLOGIA PARA SAÚDE MENTAL E SEGURANÇA NO TRABALHO

Da Avaliação Psicossocial a Intervenção Organizacional

Artesã

Psicologia para a saúde mental e seguraça no trabalho - Da Avaliação Psicossocial a intervenção organizacional

1ª Edição - 1ª reimpressão setembro 2025

DIRETOR
Alcebino Santana

DIREÇÃO DE ARTE
Tiago Rabello

REVISÃO
Maria Clara Regis

CAPA
Letícia Ribeiro Ianhez

DESIGNER
Letícia Ribeiro Ianhez

PROJETO GRÁFICO E DIAGRAMAÇÃO
Letícia Ribeiro Ianhez

S443 Sebben, Lúcia Simões.
Psicologia para saúde mental e segurança no trabalho : da avaliação psicossocial à intervenção organizacional / Lúcia Simões Sebben. – Belo Horizonte : Artesã, 2022.
248 p. : il. ; 23 cm.
ISBN: 978-85-7074-068-7

1. Psicologia. 2. Saúde ocupacional. 3. Segurança do trabalho. 4. Acidentes – Prevenção. 5. Liderança. 6. Cultura organizacional. I. Título.

CDU 159.9:331.4

Catalogação: Aline M. Sima CRB-6/2645

IMPRESSO NO BRASIL
Printed in Brazil

(31)2511-2040 (31)99403-2227
www.artesaeditora.com.br
Rua Rio Pomba 455, Carlos Prates – Cep: 30720-290 | Belo Horizonte – MG
/artesaeditora

SUMÁRIO

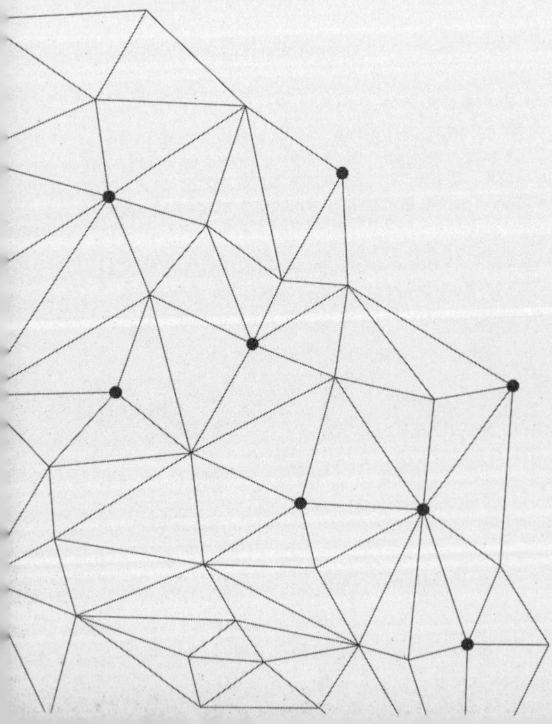

AGRADECIMENTOS

A todos os meus alunos, clientes e parceiros de trabalho, que me incentivam, acreditam no meu trabalho e compartilham comigo dos mesmos propósitos.

Agradeço com humildade.

A minha família e aos meus amigos, que representam toda a base afetiva que me alimenta.

Agradeço com amor.

Gratidão, acima de tudo, a Nossa Senhora de Fátima, que, sempre ao meu lado, amparou-me nos momentos mais difíceis, renovando minha fé.

Agradeço com devoção.

"Rir muito e com frequência, ganhar o respeito de pessoas inteligentes e o afeto das crianças; merecer a consideração de críticos honestos e suportar a traição de falsos amigos; apreciar a beleza, encontrar o melhor nos outros; deixar o mundo um pouco melhor, seja por uma saudável criança, um canteiro de jardim ou uma redimida condição social.
Saber que ao menos uma vida respirou mais fácil porque você viveu.
Isso é ter tido sucesso."

Ralph Waldo Emerson

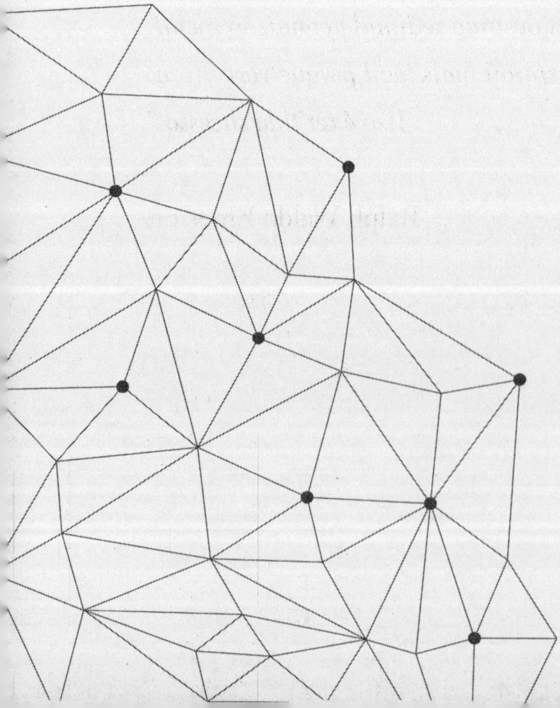

PREFÁCIO

Para mim, é uma honra prefaciar este livro da Lúcia, eu a conheci na região metropolitana de Porto Alegre/RS, quando trabalhava em empresa do setor elétrico local, e a sinergia foi total, pois Lúcia além de conhecimentos técnicos profundos, didática impecável e bom humor, também é uma apaixonada por gente e por protegê-las com técnicas e ações prevencionistas.

Foi, assim, que começamos a falar de Avaliação Psicossocial (APS), como usá-la para salvar vidas, evitar acidentes, ser preventivos etc.

Foram meses de projeto piloto para a implantação da Avaliação Psicossocial para Eletricistas, mas conseguimos terminar a jornada, e, em seguida, implantá-la com certeza do sucesso total, pois conseguimos evitar muitos acidentes graves ou fatais, ajudar as pessoas a melhorarem, a se conhecerem e a não aceitarem atuar no dia a dia de trabalho sem estar nas condições adequadas de saúde mental.

Com o passar dos meses, vimos a redução dos acidentes, e foi, sem dúvidas, uma grande ferramenta em nosso trabalho de eliminação de fatalidades nas empresas desse grupo em que iniciamos esse projeto.

A Avaliação de Riscos Psicossociais começa a ser divulgada por volta de 2006 com inclusão na Norma Reguladora (NR) - 33 e, posteriormente, em outras NRs, eu me lembro que, na época, já visualizávamos seu uso em inúmeras situações e atividades de riscos como trabalho preventivo, pois o dever da segurança do trabalho é atuar preventivamente, é evitar que incidentes ocorram.... e como ser preventivo sem conhecer o SER HUMANO que atua na atividade de risco? É muito fácil em meio a uma investigação de acidentes dizer que foi falha humana e atribuir culpa a alguém.... Mas o que fizemos de prevenção? Conhecemos a pessoa que atua diariamente com alto riscos?

A APS veio para responder perguntas que ainda não tínhamos respostas sobre falha humana e prevenção, para mim, ela é a base de uma investigação eficaz e é um grande suporte à prevenção.

Pensando em produtividade e desempenho financeiro das organizações, atuar com APS é uma ótima forma das empresas poderem ser ainda mais produtivas e eliminar gastos pós-acidente, indenizações, correções etc. Como já disse, ela é uma ferramenta preventiva, e ser preventivo traz muitos benefícios e evita custos não programados.

Implantar a APS é acima de tudo respeito ao trabalhador, oportunidade para treinar e desenvolver nossas Lideranças em geral, além de ótima ação para que a empresa possa olhar para dentro de si, pois ela também pode estar doente.

Este livro da Lúcia é também um Guia de Conceitos, que serve de inspiração para Líderes em geral, RHs, Profissionais de Saúde e Segurança do Trabalho (SST) etc. É uma aula inspiradora.

Hoje em dia, muitas empresas treinam seus funcionários sobre mudanças comportamentais, comportamento seguro, no entanto não da forma correta; o início de tudo é conhecer seu público e depois implantar ferramentas que trabalhem atitudes e comportamentos. Se não for assim .... não dá certo! Com certeza, o APS é uma ferramenta que pode ajudar muito nesses processos, em minha opinião.

Este livro ainda servirá como gerador de reflexão sobre o suporte que uma empresa precisa ter para ser preventiva; para cuidar de pessoas; será que a Psicologia, Pedagogia e Assistência Social não deveriam estar mais presentes nas organizações?

Por fim, como descrito no livro da Lúcia, **Só pessoa sadia diz não ao risco,** e o APS ajuda a identificar os não sadios, e isso é prevenção.

Para mim, este livro da Lúcia sobre APS é inovador e inspirador e nos ajuda a melhorar nossa visão sobre o outro.

Antonio Fábio Magalhães do Carmo

Executivo atuante nas áreas de Meio ambiente, Saúde e Segurança do Trabalho por mais de 30 anos e, atualmente, Sócio-Diretor da INTEGRA Consultoria e Desenvolvimento de Pessoas.

https://www.linkedin.com/in/antoniofabiomagalhaesdocarmo/

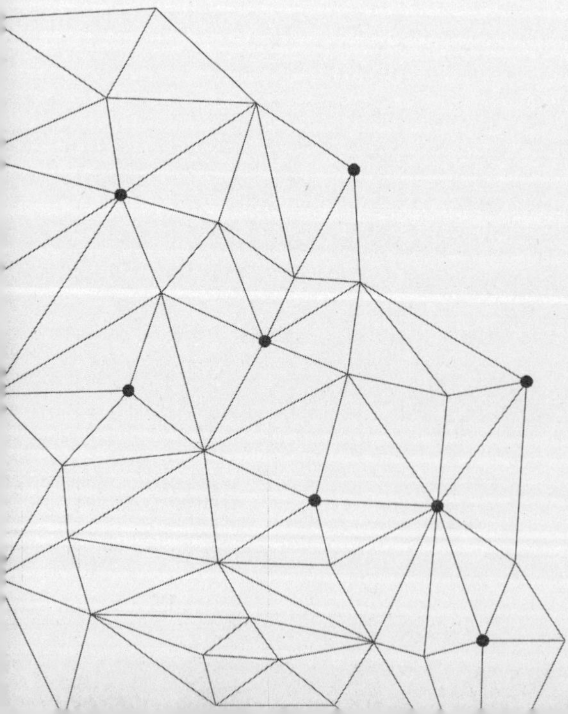

INTRODUÇÃO

Avaliação Psicológica Como Precursora da Psicologia Contribuindo para a Segurança no Trabalho

"Nossas expectativas podem moldar a maneira como vemos o mundo e, muitas vezes, também como agimos e nos comportamentos nele."

Joseph Hallinan

O Propósito deste livro é convidar a todos que se interessam em ver pessoas trabalhando e vivendo com mais segurança e saúde mental, por meio da compreensão dos fatores psicossociais que intervém nesses temas. A intenção é desmistificar esses fatores, gerando maior compreensão, desfazendo os tabus que possam existir, favorecendo uma prática mais efetiva e eficaz nas ações de prevenção e estimular o pensamento multidisciplinar da segurança e saúde no trabalho.

Para melhor contextualizar e levar o leitor a uma compreensão de como chegamos ao momento atual, vou começar abordando a Avaliação Psicossocial enquanto atividade precursora da psicologia aplicada à segurança no trabalho, e como a primeira prática do psicólogo na construção de empresas seguras e saudáveis.

No ano de 2006, passou a se falar na Avaliação Psicológica com foco em riscos psicossociais por exigência da NR - 33. O desgaste psicológico e emocional dos trabalhadores em atividades críticas passava a ser parte da preocupação dos profissionais que atuam em segurança.

As NRs surgiram por meio da Consolidação das Leis Trabalhistas (CLT) e "tratam do conjunto de requisitos e procedimentos relativos à segurança e medicina do trabalho, de observância obrigatória às empresas privadas, públicas e órgãos do governo que possuam empregados regidos pela Consolidação das Leis do Trabalho – CLT." (THW Engenharia e Inspeções, n.d.)

Percebia-se que havia mais razões para os acidentes acontecerem e a dita falha humana já não parecia ser algo claro e que se pudesse administrar para prevenir os acidentes que estavam crescendo em índices alarmantes.

O foco era no trabalhador que exercia atividades em espaços confinados e que, pelo risco que esse ambiente oferecia a sua saúde e segurança, passava, assim, a ser merecedor de uma maior atenção dos profissionais de SST, RH e gestores em geral. Ao longo dos anos, essa discussão se ampliou e chegou aos trabalhadores que exerciam atividades em altura (NR-35), que, segundo especialistas, apresentavam estatísticas preocupantes e crescentes em acidentes de trabalho, incidentes e afastamentos. Muitos desses números se devem ao setor da construção civil que, ainda hoje, é o setor que mais acidenta no Brasil.

Em 2017, houve a chamada da NR-20, que trata das atividades de extração, produção, armazenamento, transferência, manuseio e manipulação de inflamáveis e líquidos combustíveis, que passou a exigir a avaliação psicossocial a todos os trabalhadores que se enquadrassem nessa categoria.

Nesse momento, um novo fórum de discussão surge em razão

das revisões solicitadas pelo governo federal juntamente com empresários, em que alguns defendem a não obrigatoriedade das avaliações e outros entendem que sim, e que estas deveriam ser estendidas a outras NRs igualmente.

Ainda não se tem definições sobre o quanto essa obrigatoriedade irá continuar ou não, mas uma vez esta consciência tenha sido despertada e as questões de segurança se entrelaçam cada vez mais com as questões de saúde já não há mais como negar a necessidade de um olhar mais atento à saúde mental do trabalhador, se quisermos reduzir as estatísticas de acidentes.

A Avaliação Psicossocial surgiu de forma tímida e desconhecida por muitos. Pouco se sabia quanto a metodologia, objetivo ou ainda o que deveria ser avaliado. Porém, é inegável a aliança que repercutiu entre todos os profissionais de SST na busca por respostas e melhores condições de vida no trabalho.

A Avaliação Psicológica com foco em riscos psicossociais vem para responder a uma importante questão: por que pessoas com tanta experiência e conhecimento se acidentam? Por que não cumprem regras? Por que não fazem o que sabem que devem fazer? Assim, a Avaliação Psicossocial passou a contribuir como uma metodologia investigativa e exploratória para compreender as condições emocionais e psicológicas do trabalhador para enfrentar os riscos psicossociais existentes em sua realidade, de modo a evitar acidentes e danos a sua saúde. Sempre é bom lembrar - riscos psicossociais são todas as demandas da vida diária, seja familiar, seja laboral, que prejudicam a saúde mental do trabalhador.

Logo após atender a essas demandas, imediatamente, pode-se perceber as reações dos líderes em gestores dos avaliados. Eram perceptíveis a dúvida, a confusão, o medo e um claro sentimento de impotência. O que fazer com o colaborador que tinha um resultado desfavorável em uma avaliação psicossocial? Demiti-lo? Mandar para tratamento médico? Trocar de função? Qual a função e o papel desse gestor/líder para resolver questões como esta?

Como todo trabalho avaliativo do ponto de vista humano, é preciso saber o que fazer com as respostas que se obtém, sem deixar de lado aspectos éticos e humanos. No momento em que profissionais de SST e de RH se unem em busca de respostas sobre a saúde mental, sobre segurança e sobre gestão de pessoas, estamos indo em direção à necessidade de humanização da cultura. Porém, é preciso ser objetivo e realista – humanizar sim, urgentemente, mas sem perder de vista a necessidade de manter as empresas produtivas e viáveis do ponto de vista econômico. Eis o desafio! E a quem cabe conduzir esse processo, observando resultados, produtividade e metas, em paralelo com a saúde das pessoas e suas vidas preservadas? Aos Gestores!

Além do avaliado, o gestor costuma ser o primeiro a sentir as consequências de um INAPTO. Vejo relatos de sentimento de impotência, culpa e perplexidade, que confundem e angustiam o gestor na tentativa de resolver os problemas que surgem em sua frente. Alguns esbarram na preocupação por produtividade, ou seja, como dar conta das demandas e das pressões sofridas com uma pessoa fora do time? Outros preocupam-se com sua imagem na empresa ou mesmo entre sua equipe, como se fosse menos eficiente por ter deixado que isso acontecesse. Há ainda aqueles que temem sua demissão ou advertência por não ter evitado que tal problema surgisse. Contudo, também existem os que querem ajudar a pessoa que existe antes de um colaborador, compreendem que a saúde mental sofre muitos prejuízos em função das pressões do trabalho e que qualidade de vida é um bem maior e deve ser protegida.

Dados provenientes da Organização Mundial da Saúde (OMS) deixam evidente a urgência desse tema – o Brasil tem, hoje, a maior taxa de ansiedade entre todos os outros países do mundo – cerca de 9,6% da população (em torno de 19 milhões de pessoas) sofrem de algum sintoma de ansiedade, o que faz dos brasileiros líderes mundiais nessa patologia. Além disso, a ansiedade é a 3ª principal causa de afastamento do trabalho no Brasil, gerando ao INSS cerca de 200 milhões ao ano por pagamento de benefícios. O que torna essa realidade ainda mais grave, é saber que, segundo a Organização das Nações Unidas (ONU), 85% das pessoas no mundo não recebem o tratamento adequado a esses tipos de transtorno. No Brasil, são cerca de 23 milhões de pessoas.

Falando de saúde mental e sua participação nos afastamentos, estamos falando também de acidentes de trabalho. Enquanto muitos ainda procuram as causas de acidentes de trabalho em questões técnicas e operacionais, as causas psicossociais estão despontando em estatísticas alarmantes, demonstrando o quanto os aspectos de saúde são parte determinante dos acidentes de trabalho.

Não se trata apenas de ansiedade, a depressão anda junto com índices alarmantes, com expressivos 5,8% da população brasileira sofrendo desse mal. Acredita-se que entre 20 e 25% dos brasileiros têm, tiveram ou terão depressão, visto que a busca por tratamento é muito tímida frente a avalanche de pessoas que precisariam estar se tratando. Devido à ausência de tratamento adequado, temos um aumento gradativo e preocupante do número de suicídios no Brasil, sendo hoje a 3ª principal causa de morte no Brasil.

Os números apontam que 80% dos acidentes acontecem por causa de atos inseguros e os outros 20% em decorrência de condições inseguras. Sendo assim, em que devemos focar para termos mais segurança, mais saúde e mais qualidade de vida? Nas pessoas ou no ambiente?

Não menos importante, é a realidade que se apresenta em relação às questões relativas ao estresse. Sua intensidade e consequências na vida e na saúde das pessoas se definem pelo tanto que é ignorado e, portanto, não tratado. Na nossa cultura, parece até divertido se dizer estressado. Vejo as pessoas correndo e se dizendo apressadas mesmo quando isso não é necessário. A pressa, a necessidade de fazer tudo rápido e de fazer muitas coisas ao mesmo tempo parecem terem se tornado um vício de comportamento, como forma de se mostrar produtivo, importante, inteligente e capaz. Ser uma pessoa ocupada, agitada, com muitas demandas a atender, parece ter se tornado um valor considerável em nossa sociedade e, por essa razão, imprescindível de ser mantido e mostrado ao mundo. Precisamos estar amplamente ocupados, intensamente agitados e permanentemente cansados pela correria do dia a dia para, assim, sermos valorizados, admirados e, se possível, invejados.

Entretanto, o que precisa ficar compreendido é que o estresse não é apenas um cansaço além de uma medida entendida como normal. O estresse é um desgaste físico e mental, causado por uma sobrecarga que excede as condições do indivíduo de suportar, trazendo, em resposta a isso, transtornos mentais e físicos.

Cabe, ainda, ressaltar que o estresse e seus decorrentes transtornos não estão presentes apenas na vida de trabalhadores de produção ou em funções com atividades de risco. A sobrecarga é vivida por cada pessoa de acordo com suas possibilidades e seus recursos físicos e psíquicos, ou seja, o que para um pode representar pouco, para outro pode ser uma grande carga geradora de sofrimento.

Dessa forma, não podemos ter apenas um conceito e um entendimento de estresse e de saúde mental. A OMS afirma que não existe apenas um conceito oficial para saúde mental. Sabe-se que fatores socio-econômicos-culturais influenciam e determinam essa compreensão, já que julgamentos subjetivos dos aspectos que permeiam esse tema também mudam. Assim, temos, no Japão, um dos países com menores índices de transtornos mentais e, no Estados Unidos, os índices mais elevados do planeta. Estudos já nos mostram que quanto maior a desigualdade social, maior será o comprometimento dos elementos que definem a saúde mental de um indivíduo.

Ocorre que a "cultura da correria" gera hábitos nocivos à vida saudável e, como exemplo, vemos comportamentos de queixa, intolerância, competição em excesso, ambição desmedida, tendência a aumentar os problemas, mais conflitos nos relacionamentos, ruminação de problemas e, é claro, o uso excessivo dos smartphones. Alguns especialistas chamam de nomofobia para designar o medo de ficar longe do smartphone. Isso não está relacionado ao tempo que o indivíduo utiliza o telefone, mas as consequências que pode trazer a sua saúde: como ansiedade, perda do contato com pessoas próximas, sentir mais prazer na vida virtual do que na vida presencial, perder momentos importantes por se preocupar mais com selfies e postagens, levando à depressão, à ansiedade, a alterações do sono e à dependência do aparelho, quando o "mostrar" passa a ser mais importante que o "viver". Entretanto, o vício não está no aparelho, e sim na "proteção" e na ilusão que este proporciona como máscara para outros transtornos.

Segundo a Sociedade Brasileira de Coaching (SBC), as causas do estresse iniciam-se com falhas na autoestima, nas quais a pessoa não sabe dizer "não" e dar limites por medo de desaprovação dos outros, por não acreditar em si mesma e ter dificuldade em lidar com erros, tornando-se desatenta a si mesmo. Porém, se observarmos esses itens que acabaram de ser colocados, são características claras da cultura capitalista e ocidental que fomentam e estimulam a construção de ambientes e de personalidades estressáveis.

Porém, ainda me parece bastante grave e preocupante a banalização do estresse e a aceitação deste como parte da vida moderna. Pessoas se veem a caminho de um esgotamento, referem sintomas físicos e dificuldades em todos os setores de sua vida e, mesmo assim, acreditam que seja algo normal e aceitável. Não dedicam atenção as necessidades de ajuda médica, de controle de suas demandas diárias e, dessa forma, deixam-se levar pelo altíssimo custo que o estresse cobra por não ser tratado e barrado como deveria.

Os setores que mais acidentam no Brasil, atualmente, são: madeireiro, construção civil, mineração, eletricidade e extração de carvão vegetal, segundo a Organização Internacional do Trabalho (OIT). No mundo, são cerca de 5.000 pessoas por dia morrendo no trabalho, sendo que, desses óbitos, 86% ocorrem por doenças e somente 14% por causa de acidentes propriamente ditos.

O Brasil, atualmente, está gastando 13,2% de seu PIB em ações de proteção social. Programas de promoção da saúde com diversos enfoques passaram a ser construídos pelo governo federal na tentativa de reduzir esses números. Campanhas orientadas à violência, ao desemprego, ao subemprego, ao saneamento básico, à habitação inadequada, a dificuldades no acesso à educação pública, à urbanização desordenada e sobre a qualidade do ar e da água passaram a ser planejadas e implementadas com a intenção de trabalhar não apenas na correção dos problemas atuais, mas também na prevenção de outros, no futuro.

Segundo a Dupont (2019), empresa especialista e referência em SST, existe uma estreita relação entre a maturidade organizacional e a geração de valor do negócio, e isso, certamente, passa pela relação do gestor com seu colaborador e sua visão sobre saúde e segurança no trabalho.

As empresas que já investiram em SST puderam colher os resultados de sua iniciativa e perceberam que ações de prevenção e uma boa gestão de indicadores permitem uma nítida diminuição dos custos com afastamentos, com indenizações e com substituição de pessoas. Além disso, a imagem da empresa é favorecida interna e externamente, a produtividade aumenta, a confiança de seu público interno e externo se consolida e os prejuízos relativos aos fatores previdenciários também são poupados.

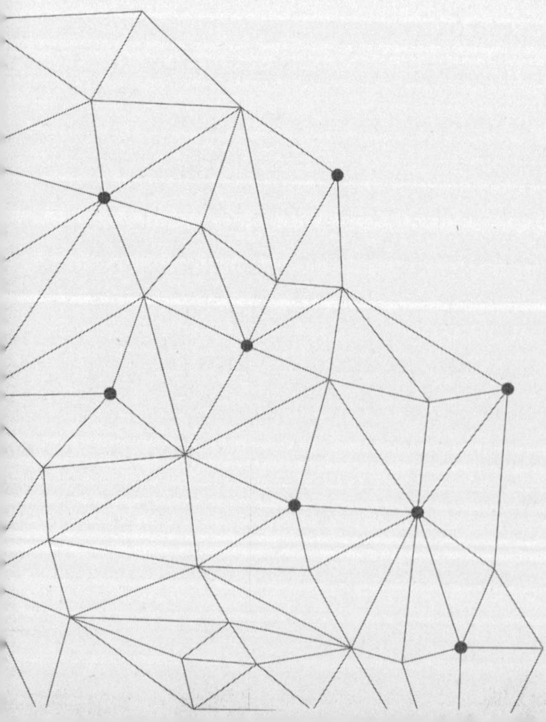

CAPÍTULO 1

Pandemia e Suas Intercorrências na Segurança

"O que trará fim a pandemia não será a ciência médica, mas a ciência do comportamento."
Médico Chines de Wuhan

Quando iniciei este livro, a pandemia não era uma realidade. Nem em um pior pesadelo seria possível imaginar tudo o que aconteceu. Tudo que era compreendido por risco psicossocial, saúde mental e segurança no trabalho passou por uma revisão conceitual e existencial. Segurança que já dependia da saúde física passa a ser pensada sobre o alicerce da saúde mental. Não há mais como falar em segurança no trabalho sem discutir as condições existentes de promoção da saúde mental. O medo, a insegurança, a ansiedade, a dúvida e o estresse mental e emocional passaram a se tornar presentes na vida de todos os cidadãos, não apenas na condição de *home office*, mas sobretudo de trabalho presencial. Afinal, sair de casa passou a ser uma ameaça à vida de cada um e de todos.

Tornou-se urgente falar sobre saúde mental de forma corriqueira, tornando isso um hábito, gerando um maior compromisso com o próprio bem-estar. Porém, acima de tudo, cuidar uns dos outros passou a ser a única chance de sobrevivência. Falar em segurança, mais do que nunca, passou a representar cuidar da saúde mental. A deterioração da paz, da harmonia, do bem-estar e da qualidade de vida aconteceu de forma tão acelerada e intensa que já não era mais possível deixar esse tema para depois. As empresas que desejam realmente ter equipes produtivas, saudáveis e seguras precisam se apropriar desse tema, quebrar paradigmas, derrubar tabus e tratar disso de forma aberta, simples e descomplicada. Caso contrário, de nada adiantaria realizar treinamentos de alta performance ou orientados a formação de super líderes. Existe algo básico e estrutural sobre o qual repousa a condição de produzir: saúde e não há mais como fugir isso.

Entretanto, como já se sabe, toda evolução e crescimento advém de alguma crise, significa que passaremos por turbulências e dificuldades para depois, e somente depois, alcançarmos uma condição de crescimento, aprendizado e evolução pessoal e humana.

A pandemia do Novo Coronavírus teve início na China em 31 dezembro de 2019 e três meses depois já havia se espalhado por 203 países. De acordo com o Instituto John Hopkins (2020), em início de abril, já eram 1,3 milhões de infectados e mais de 74 mil mortes. Estes números ainda estão longe de retratar o auge do desastre para que se possa compreender a complexidade do caos e de suas consequências.

Cabe destacar que essa situação é absolutamente sem precedentes no Brasil. Ainda não havíamos vivido um ambiente de pandemia que nos exigisse o isolamento social e a ruptura abrupta de nossa rotina e de velhos hábitos. Diante da notícia e informação clara de ameaça, todos nós buscamos meios de nos proteger, seja por meio de um isolamento parcial (que não seria eficaz), seja por meio de uma busca desenfreada e exagerada de informações, ou ainda por meio de recursos criados pelo próprio indivíduo que acreditava estar protegido (por exemplo, tomar vitaminas diariamente).

Realizado o primeiro impacto, uma explosão de emoções acontece em nossa mente por intermédio de uma frenética conexão de novas sinapses, que buscam construir um conceito e um padrão de resposta para esse novo cenário. Muitos relatam: medo, raiva, confusão, irritação, tristeza, ansiedade, dúvida, insegurança, impotência, apatia, desorientação, entre tantas outras emoções. Porém, sem dúvida, o medo é a primeira emoção relatada pela grande maioria, acompanhado de ansiedade e insegurança.

Diante de tanta agitação externa e interna, quero dizer, externa porque parece que o mundo parou (e de fato parou) e nossa rotina se alterou quase que por completo, e interna, porque são muitas as emoções para dar conta de controlar e administrar nossas reações de forma razoável para que possamos nos realinhar a uma nova normalidade.

Cabe destacar que a evolução desse processo depende de vencer cada etapa de forma a construir algum aprendizado, o que significa extrair lições que se apliquem ao nosso dia a dia, mudando e transformando hábitos, crenças e conceitos de maneira a impactar em nossas relações de um modo geral. E, justamente, a mudança de valores e significados é que dará condição de uma nova normalidade.

Para entender o processo de adaptação e assimilação desse fenômeno, vamos refletir sobre como acontece a compreensão e em que se apoia esse processo de forma que permita uma assimilação lúcida e adequada da realidade que se apresenta. Nossas reações diante de fatos novos e inesperados dependem de três elementos que determinam nossas condições de assimilação e compreensão dos fatos, são elas: estrutura de personalidade, experiências anteriores e percepção da realidade.

Figura 1

Como enfrentamos situações novas e desconhecidas

ESTRUTURA DE PERSONALIDADE	EXPERIÊNCIAS ANTERIORES	PERCEPÇÃO DE REALIDADE
Capacidade de se relacionar	Crenças e conceitos estabelecidos	Clareza sobre os fatos
Capacidade adaptativa	Traumas, lutos ou perdas	Fonte de informações
Empatia	Lições aprendidas	Processo de assimilação
Controle emocional	Novos hábitos	Capacidade de compreensão (cognição)
Autoconhecimento		

A estrutura de personalidade depende de como outros fatos relevantes anteriores a esse foram vividos e como se deu a adaptação a estes, se foi aceito e compreendido com abertura e flexibilidade, o quanto abalou ou não os relacionamentos interpessoais, se houve controle emocional, empatia em relação aos demais e, ainda, se o indivíduo foi capaz de reconhecer suas reações para melhor lidar consigo mesmo no sentido de buscar a melhor resposta emocional para cada situação, ambiente e pessoa. Essa condição de lidar com as emoções poderá definir se o indivíduo irá responder ao evento de forma a favorecer sua adaptação e acomodação diante do novo ou se irá sucumbir a reações emocionais de maior desgaste, sofrimento e resistência, prejudicando a construção de novos comportamentos, novos hábitos e uma nova normalidade. A resistência se revela na forma de uma negativa em aceitar os fatos e as repercussões advindas. Pode ser percebido pela reação de diminuição da importância das consequências, minimizando seus riscos e procurando acreditar que não se trata de nada relevante ou que exija mudanças de hábitos ou de comportamentos. Ainda sobre esse aspecto, pode haver reações de pânico, de pensamento catastrófico ou de confusão. Significa uma exacerbação das reações de maneira que o indivíduo perde a dimensão dos fatos conferindo a estes uma dimensão que justifica sua reação de medo exagerado e super dimensionado. A confusão se configura em uma dificuldade de formatar uma resposta emocional que não adota o vetor do desânimo ou do ânimo, nem do medo ou da coragem. Na verdade, o indivíduo não sabe em que acreditar, não constrói uma compreensão dos fatos e a busca por informações é vivida sem foco, portanto sem trazer compreensão. De qualquer forma, todas essas respostas retratam imaturidade emocional, que prejudicam a adaptação ao evento estressor.

Em relação às experiências anteriores, é preciso observar como foram registradas outras situações semelhantes em que foi necessário adaptação e ajuste emocional, isto é, como que a pessoa lidou com situações marcantes, se de forma a aprender lições, mudar hábitos e evoluir ou se em forma de grande sofrimento psíquico, com traumas e lutos mal resolvidos. Essa condição de lidar e assimilar experiências difíceis irá determinar como o evento da pandemia e do isolamento será vivido – se trará evolução ou trauma. Quando a situação vivida é tratada com abertura ao aprendizado, como uma oportunidade de autoconhecimento e com uma real disposição de revisar seus comportamento e reações na busca por um novo padrão, que possa estar mais bem alinhado com seus valores e seus propósitos de vida, a experiência é registrada sob a forma de aprendizado. Caso contrário, a experiência ficará registrada como apenas sofrimento, sem identificar as lições aprendidas, permitindo que as emoções predominem de forma desfavorável.

A percepção da realidade ou ainda a forma de construir essa percepção também será um fator fundamental na assimilação de um novo evento estressor, nesse caso, a pandemia. Uma variante a considerar nesse caso é a capacidade cognitiva que irá interferir na condição com compreensão e, portanto, de compreensão. Alguns fatos referentes a esse evento podem requerer maior reflexão e aprofundamento ou ainda interrelação de dados para um entendimento de suas consequências por meio do tempo e dentro de uma perspectiva de futuro. Associado a isso, está a fonte de informações para permitir uma melhor clareza e fidedignidade de dados. Naturalmente, os cuidados com as *fakes news* se tornam imprescindíveis, já que este passou a ser um fator relevante e interveniente da construção do cenário de realidade que se espera compreender.

Esses aspectos, se bem construídos, permitem a assimilação de um novo evento estressor a partir de uma perspectiva positiva, reflexiva, significativa e transformadora com aprendizado e a construção de novos hábitos mais significativos e alinhados a uma nova normalidade que já começa a ser instituída em nossa rotina e realidade diária.

Ao que tudo indica, essa pandemia parece ter vindo para encerrar uma fase de nossa história e dar início a uma nova ordem. Muitas questões já tomam conta em todos os fóruns de discussão: como será o mundo Pós-Coronavírus? Que lições teremos aprendido? Como passaremos a lidar com a saúde? Como será a vida cotidiana? Haverá mudanças nas relações de afeto, o mercado de consumo, a espiritualidade? Ninguém tem ainda essas respostas. O resultado vai depender de nossa compreensão dos acontecimentos, dos posicionamentos da sociedade civil, das atitudes socialmente responsáveis das empresas e dos caminhos adotados pelos governantes. Porém, as mudanças já estão despontando em alguns cenários.

Historicamente as grandes transformações da humanidade aconteceram depois de:

- GUERRAS;
- REVOLUÇÕES;
- EPIDEMIAS.

Dizendo isso, vocês já devem lembrar da Primeira e Segunda Guerra Mundial, A Grande Depressão, Apartheid, e Gripe Espanhola, entre tantos outros eventos. Todos marcando nossas histórias, deixando aprendizado, reflexões, legados e transformações em nossa forma de ver o mundo e viver a vida.

Eventos como esses são entendidos por historiadores, pesquisadores, antropólogos e especialistas como sendo um "acelerador" de mudanças que vinham se desenhando em nossos horizontes.

Todavia, sabe-se que o desenvolvimento sustentável é amparado por três aspectos: Econômicos, Sociais e Ambientais. Sendo assim, vamos avaliar passo a passo as mudanças de cenário que já estão se apresentando e outras que decorrerão das primeiras.

Empresas, Trabalho e Liderança

Haverá muito desemprego. Estima-se ainda em 2020 haviam cerca de 20 milhões de desempregados. A economia informal ganha espaço e se reinventa. Porém, isso só não basta. A única forma será a cooperação mútua. A automatização das empresas, que já vem acontecendo, será acelerada e provavelmente irá reduzir e muito, os empregos tradicionais da forma como conhecemos já vivem uma tendência de diminuir e vai reduzir ainda mais, – nesse sentido é importante que o trabalhador brasileiro pense em meios de não contar mais com isso. Será estimulado que os profissionais pensem em suas carreiras de forma independente, de forma que possam servir a vários mercados sem aquela vinculação exclusiva a uma única empresa. Essa condição de independência e autossustentação será uma condição de sobrevivência e não uma escolha.

Muito disso tudo são especulações, probabilidades, teorias e suposições. Quem estiver lendo esta obra daqui há alguns anos poderá validar algumas dessas reflexões ou não. Contudo, a verdade é que as mudanças acontecerão na medida em que nossa consciência se expandir e estivermos dispostos a aprender algumas duras lições que estamos adiando.

Uma clara tendência aponta para a importância do conhecimento, que passará a ser valorizado à medida que for inovador e criativo, já que o rotineiro poderá ser desenvolvido por robôs. Em outros termos, o ser humano deverá agregar com aquilo que a tecnologia não faz, ou seja, a sociedade pós-crise terá uma base industrial automatizada. Fala-se em "fábricas no escuro" nas quais funcionam apenas as máquinas, sem a taxação abusiva de impostos que teria para contratar um profissional dentro do regime CLT.

Diante disso, o perfil dos líderes muda radicalmente: aquele voltado à maximização do lucro e ao crescimento obstinado da organização, de competências que gerem mais crescimento a esta e de produtividade a qualquer custo passa a ser substituído pelo líder que, de fato, compreende essa nova visão voltada à sustentabilidade humana e planetária.

Nesse sentido, a competição passa a dar lugar à cooperação; a liderança no *Market Share* cede lugar ao compartilhamento de mercado sem monopólios; a busca por profissionais *workaholic* passa a ser uma busca por profissionais com qualidade e competência para equilibrar trabalho x saúde, porque esses indivíduos produzem com mais qualidade.

Os Novos líderes que darão vida a Nova Ordem deverão ter um olhar que atenda ao objetivo de catalisar um novo "humanus digital". Esse é o renascimento digital, a assimetria entre o homem e a máquina como base para as empresas seguirem produtivas. Esses líderes deverão reescrever a concepção de aprendizado e educação.

O apoio a produção e a competência cederá lugar ao estímulo de profissionais criativos, que sejam flexíveis e complacentes para poder seguir inovando, e que se atentem aos cuidados com o ecossistema, trazendo à luz novos campos de trabalho para engenheiros, artistas, psicólogos ou biólogos.

Por falar em profissionais, a formação não será mais pré-concebida pelas universidades, mas será individualizada, e o currículo de disciplinas escolhido pelo sujeito, que já definiu como quer construir seu conhecimento. As profissões passarão a ser concebidas na forma de especialização, e cada um poderá desenhar o seu modelo. As universidades não terão mais salas de aula de 60 ou 80 alunos aprendendo a mesma coisa, mas sim salas virtuais, de ensino on-line, nas quais cada um irá compor suas demandas de conhecimento e informação, de acordo com seus objetivos, sua ideia inovadora e seus interesses de especialização e foco de atuação.

Por exemplo, o engenheiro de segurança pode ter disciplinas de medicina, psicologia, botânica e artes se quiser, assim o fará e terá seu trânsito profissional com o diferencial de acordo com seus valores, potenciais e motivações.

Do mesmo modo que aconteceu no Renascimento Europeu, quando os dogmas religiosos foram substituídos pelo humanismo, o Renascimento Digital desvia o foco do mercado para uma visão espiritual, sustentável e ecologicamente equilibrada. Encerra-se a Era do Capitalismo e inicia-se uma Nova Era, ainda a ser escrita por todos nós – governos, empresas e pessoas.

Cabe destacar que a evolução desse processo depende de vencer cada etapa de forma a construir algum aprendizado, o que significa extrair lições que se apliquem ao nosso dia a dia, mudando e transformando hábitos, crenças e conceitos de maneira a impactar em nossas relações de um modo geral. E, justamente, a mudança de valores e significados é que dará condição de uma nova normalidade.

Para entender o processo de adaptação e assimilação desse fenômeno, vamos refletir sobre como acontece a compreensão e em que se apoia esse processo de forma que permita uma assimilação lúcida e adequada da realidade que se apresenta.

Figura 2

Como nos ajustamos a novos cenários e situações desafiadoras

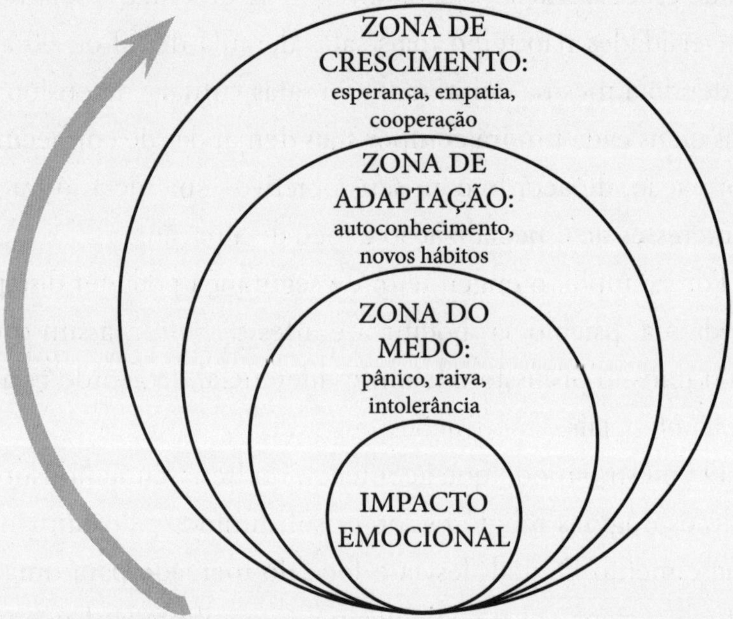

Porém, as resistências oriundas da necessidade de manter a homeostase leva as pessoas a buscarem evitar que tais mudanças persistam e gerem transformações. Contudo, diante das pressões com a força de uma Pandemia e da busca por sobrevivência, nada mais restará a fazer se não se adaptar e seguir frente, dando lugar ao processo de transformação global.

Figura 3

A construção de um novo normal em cenário pandêmico

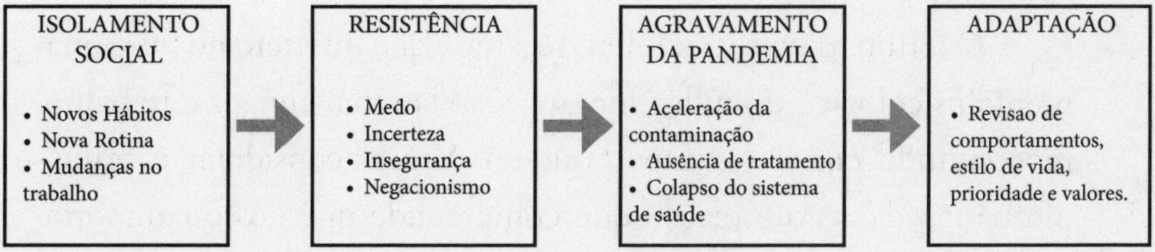

Pandemia e Segurança no Trabalho

Vivemos tempos em que o estresse e a ansiedade influenciam intensamente a saúde física e mental das pessoas. Porém, isso não é uma novidade. Antes da pandemia, o Brasil já era apontado pela OMS como o país mais ansioso do mundo. Depois do evento da pandemia, esses números triplicaram, enquanto os índices de depressão e estresse duplicaram.

Realidade no Brasil e no Mundo

DADOS E FATOS

· O Brasil gasta cerca de 40 bilhões anuais em acidentes causados no ambiente de trabalho por falta de prevenção.

· Acidentes no trabalho - o Brasil está em 4° lugar no ranking mundial.

· Acidentes de trânsito - o Brasil está em 1° lugar

· 2,3 milhões de trabalhadores morrem por ano no mundo

· 300 milhões ficam feridos em atividades profissionais

· Transtornos mentais representam a 3° causa de afastamento do trabalho (OIT, 2019)

OIT, Organização Internacional do Trabalho, 2019.

Cuidar da saúde mental já não é mais um luxo, mas uma necessidade básica imposta a todos nós por força das pressões da vida diária. Disso surge a necessidade de compreender o que é RISCO PSICOSSOCIAL. Então, vamos lá.

O termo psicossocial refere-se a tudo que interfere no funcionamento psicológico do indivíduo, ou seja, família, amigos e trabalho, repercutindo em seu comportamento. Vamos considerar o princípio básico da ação e reação que compreende que nosso comportamento é produto de tudo que vivemos, sentimos, pensamos e desejamos e, por isso, esse resultado poderá ser favorável ou não às pessoas que se expõem a funções perigosas. Assim, **risco psicossocial compreende tudo o que influencia a saúde mental do indivíduo, partindo das tensões de sua vida diária e de tudo que é vivido pelo indivíduo como algo adverso**. Pode ser experimentado no ambiente familiar ou no trabalho, sendo causador de estresse, diminuição da qualidade de vida, redução da motivação e da capacidade produtiva.

O antigo paradigma que afirmava que os problemas de casa devem ficar em casa e, assim, não se misturar com as questões do trabalho já não tem mais eco. A partir desse conceito, fica bem claro que tudo que passa no ambiente pessoal interfere no desempenho do ambiente laboral e vice-versa. Portanto, "deixar os problemas do lado de fora do portão" já não faz mais sentido.

Como é possível um indivíduo desempenhar-se deixando de lado suas preocupações pessoais e angústias familiares? Como o indivíduo que termina um dia de trabalho exaustivo, com emergências de segurança, cobranças e pressões por produtividades ou ainda com um clima tenso e sem cooperação entre colegas e líderes, pode chegar bem em casa para conviver com sua família?

A verdade sobre isso é que podemos controlar até certo ponto e, até mesmo, em certa medida *disfarçar* nossos sentimentos e pensamentos, fazendo o ajuste possível para cada situação. Entretanto, não podemos *mudar* nossos sentimentos e emoções mais primitivas e profundas. Para exemplificar isso, podemos citar os medos mais básicos presentes na mente de todo indivíduo em momentos específicos:

- medo do desemprego;
- de passar fome;
- de fazer dívidas;
- de perder a família;
- perder os amigos;
- medo dc ficar doente ou deixar alguém doente;
- medo de morrer;
- medo de sofrer alguma violência ou acidente.

Essa emoção não pode ser evitada e muito menos negada. Devemos reconhecer, aceitar e respeitar sua presença e dar a devida atenção ao tanto que isso pode colocar o indivíduo em uma situação vulnerável diante do ambiente de risco que se faz presente no trabalho. Compreender e aceitar a influência do risco psicossocial no trabalho implica em rever conceitos e quebrar paradigmas.

A Avaliação Psicossocial na Pandemia

Antes de abordar este tema especificamente, sob o ponto de vista técnico e metodológico, preferi passar por esta reflexão para que se tenha a clareza da abrangência necessária que o momento exige. Quero dizer com isso, que não se trata apenas de escolher o melhor teste ou de apenas fazer um cadastro no CFP. Trata-se, sim, de um olhar respeitoso e compassivo ao ser humano que está em sua frente e que necessita, acima de tudo, de ajuda e amor.

Não podemos tornar nossa prática tarefeira e alienada, mas sim cheia de significado e efeito sobre a vida de quem está exposto em nossa frente, sem saber em que acreditar ou o que fazer. É verdade, existe um ajuste feito no método para que possa ser aplicado na modalidade remota, viabilizando a continuidade dos trabalhos. No entanto, existe, antes de tudo, um ajuste a ser feito nas organizações, na gestão das pessoas e na nossa contribuição diante dessa tão necessária mudança cultural. A tão falada *humanização das empresas* passa pelo significado que imprimimos em nosso trabalho – profissionais da Ciência do Comportamento.

Haverá momentos em que não avaliar será mais sábio. Toda a avaliação pressupõe a busca por identificar as forças e as condições do indivíduo para lidar com os riscos psicossociais. Sendo assim, se essa manifestação não for possível, cabe deixar a avaliação para uma próxima oportunidade de curto prazo e oferecer uma abordagem que o reintegre de forma saudável a um novo normal.

Assim como não se realiza uma avaliação psicológica com pessoas que acabaram de passar por um momento traumático, também não se faz avaliação psicossocial de pessoas que, junto de toda sociedade, vivem um momento inusitado e marcante na história, em que vemos nossas vidas ameaçadas, sem controle, sem perspectivas e sem que se saiba o que fazer.

É preciso que haja condições mínimas para que o avaliado posso expressar suas características, seu potencial e suas forças para lidar com o estresse, as pressões e as dificuldades diárias que tanto prejudicam sua saúde mental.

Neste momento, em que se vive o ápice dessa crise, tudo que nos resta é aprender, buscar apoio e preservar-se. E isso passa por viver nossa vulnerabilidade e aguardar o melhor momento para a retomada das avaliações. No auge da crise e do estresse, não se avalia. Mas como saber a hora de não avaliar?

- Diante da suspeita de transtorno mental;
- diante de grande sofrimento psíquico causado por algum evento especifico no cenário pessoal;
- diante da dificuldade de adaptação à pandemia;
- outra situação específica em que o indivíduo revele não estar em condições de projetar e expressar suas forças.

MAS ENTÃO O QUE FAZER?

- Promover ambiente de trabalho saudável, corrigindo os aspectos que possam estar intervindo na saúde mental e no clima;
- orientar para o autocuidado e a gestão do estresse. Orientar também o gestor sobre sua contribuição;
- disponibilizar atendimento psicológico e/ou psicossocial;
- promover atividades de apoio na empresa, como grupos de conversa, caso haja mais pessoas necessitando de intervenção;
- reagendar as avaliações psicossociais.

Neste momento tão complicado e difícil, em alguns momentos, é necessário ajudar, apoiar, escutar, orientar e acompanhar para depois avaliar. O atendimento psicossocial pode ser a solução mais eficaz, obvia e inteligente a ser feita para, então, depois, realizar a avaliação psicossocial. Penso que é necessário que se retire a "névoa do sofrimento pandêmico" para que se possa, então, conhecer a força psíquica e as condições disponíveis no indivíduo para lidar com os riscos psicossociais.

Para isso, antes de mais nada, avaliamos a vulnerabilidade, ou seja, investigamos o quanto esse indivíduo possa estar exposto às pressões e às mazelas do isolamento social e do risco de contaminação com poucas chances de se defender. É extremamente importante que se considere antes de avaliar aspectos como as condições pré-existentes, ou seja, condições familiares, precariedade social e financeira, ausência de uma rede de apoio próxima, diagnósticos ou dificuldades emocionais pré-existentes, risco de agressões familiares, pessoas que tenham passado por luto ou que tenha contraído a Covid-19, hábito do uso de álcool ou drogas contínuo, dificuldades para o autocuidado, desorientação e confusão pela falta de uma fonte de informação segura e ainda aqueles que tenham dificuldade de autocuidado ou que adotaram uma polarização negativa e pessimista frente ao evento. Todos esses aspectos devem ser observados antes do início da avaliação psicossocial como sendo uma forma de *assessment* – será avaliado nesse momento ou não?

Assim, se pensarmos no sentido do trabalho e não apenas na produção de um documento, percebemos que existe algo maior a ser feito antes – ajudar as pessoas a diminuir o sofrimento e viver com mais qualidade.

Em princípio, as Avaliações Psicossociais são consideradas apenas para aqueles trabalhadores cujas funções envolvem trabalho confinado (NR-33), trabalho em altura (NR-35) e todo trabalho que envolva líquidos combustíveis e inflamáveis. Contudo, algumas empresas, por se preocuparem com saúde de segurança e por se empenharem em ações preventivas, adotaram a Avaliação Psicossocial para outras funções, ainda que não exista obrigatoriedade. Sendo assim, é possível encontrarmos empresas que adotam a prática da Avaliação Psicossocial para, por exemplo, NR-10 (eletricidade), NR-18(obras e demolições), NR-19 (transporte de explosivos), NR-29 (trabalho portuário), NR-34 (construção e reparo naval) e NR-36 (abate e processamento de carnes e derivados).

Figura 4

Quem sofre riscos psicossociais e que não estão apontados nas NRs

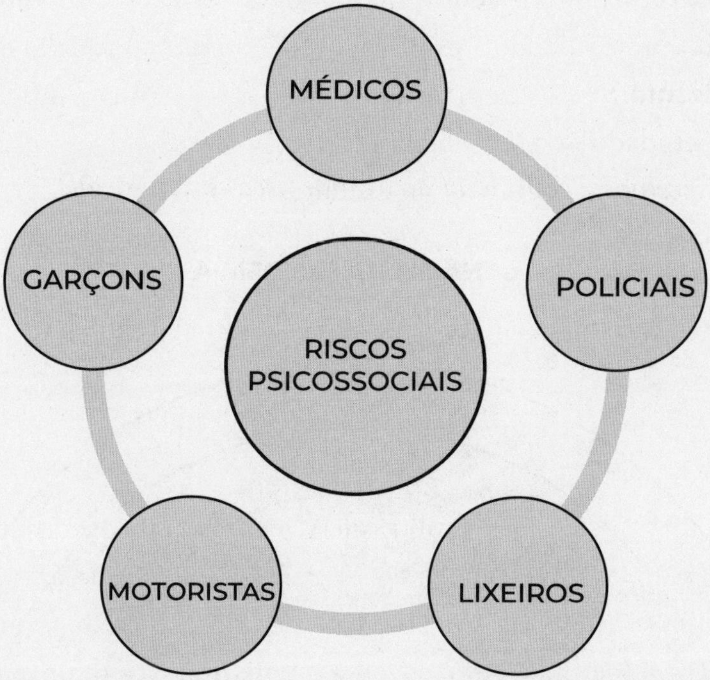

Porém, neste momento em que vivemos todos os fatores psicossociais de uma pandemia e de um isolamento social, não podemos desconsiderar todas as demandas emocionais e psicológicas experimentadas por todos os trabalhadores. Diante de um cenário de tantas ameaças psicossociais, fica bastante claro a necessidade de cuidados e atenção sobre os aspectos psicossociais, visto que a saúde mental passa a ser um sério problema para todos.

O impacto emocional foi intenso e as respostas bastante prejudiciais, interferindo na adaptação, ajuste e aceitação e resultando em um aumento considerável nos níveis de ansiedade, estresse e depressão. Considerando esse cenário, seria importante que as Avaliações

Psicossociais passem a ser cogitadas para qualquer trabalhador que demonstre necessidade de apoio e cuidado com sua saúde mental.

Toda a Avaliação Psicossocial precisa ser realizada com vistas ao cenário em que o avaliado se situa. Não seria adequado olhar apenas o indivíduo e sua função, sem inseri-lo na cena em que vive.

Figura 5

Cenários a considerar ao avaliar riscos psicossociais

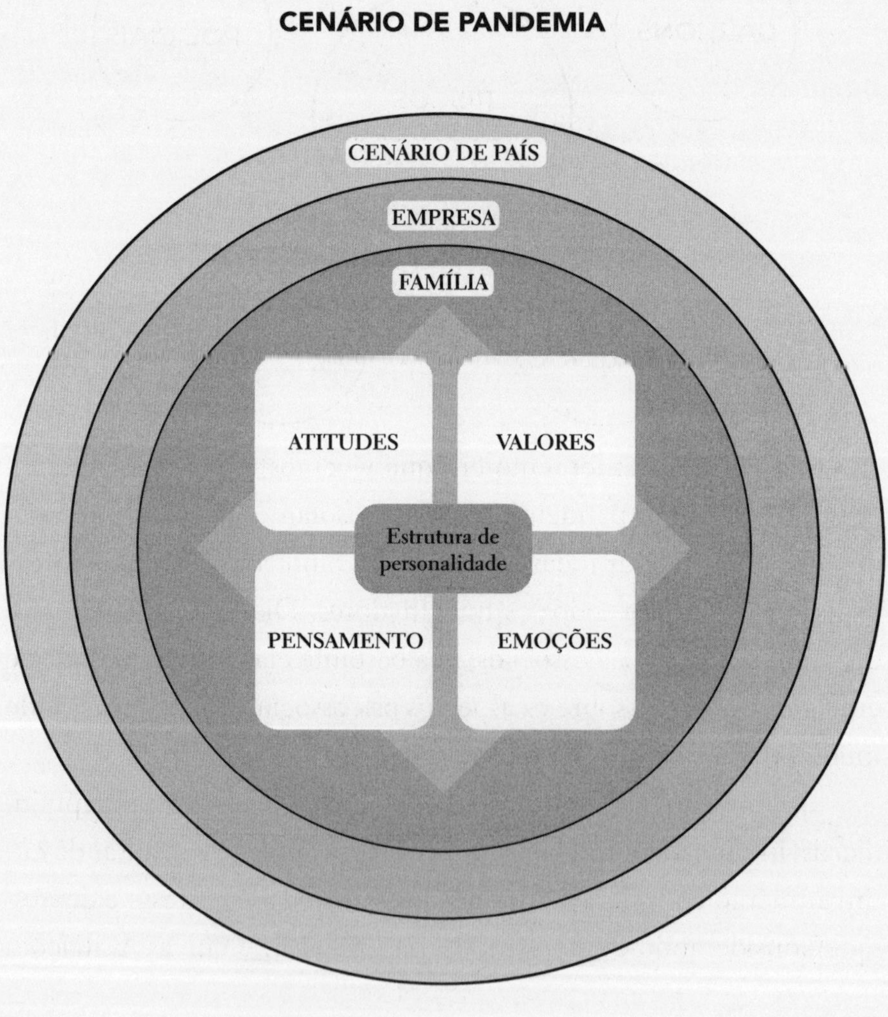

No plano global, temos o cenário pandêmico que, como já sabemos, implica em uma desestabilização geral em todas as culturas e nações. A vida é ameaçada, e o estilo de vida, rotina, hábitos, o conjunto de crenças e valores, que conhecemos e que fazem parte de nosso cotidiano, já não atendem mais as necessidades que se fazem presentes.

Cientistas afirmam que as mudanças que se iniciaram seguirão pelos próximos 20 anos dando origem a uma nova ordem, e o velho capitalismo que conhecemos passará a ser destituído dando lugar a um novo modelo.

O Cenário de país evidencia nossa cultura, que sempre se mostrou avessa a regras e a normas. Vivemos uma cultura de impunidade em que as pessoas se sentem livres para fazer o que quiserem, levadas pela crença de que nada vai acontecer. Não existe confiança em nossos líderes, sequer nas informações que recebemos. A mídia é questionada e sua isenção política igualmente. Paralelo a isso, as *Fake News*, que passaram a invadir as redes sociais plantando confusão, dúvida e desconfiança, contribuem para uma sobrecarga mental que coloca o trabalhador atrás de algo ou alguém em quem se possa confiar. E os desavisados que se deixam levar facilmente passam a acreditar no pior. Aliás, esta é outra característica de nosso povo: acreditar e esperar pelo pior. Sim, é uma crise de confiança e que se faz responsável por muito dos danos causados à saúde mental de cada um de nós.

A vida do povo brasileiro, que já era historicamente marcada por crises políticas e econômicas, enfrenta neste momento algo sem precedentes que ameaça não somente sua saúde, mas seus empregos, sua segurança e de sua família e ainda sua paz de espírito.

Economicamente, estava previsto para 2021 uma recessão de 0,5% em razão da diminuição do consumo e de menores investimentos impactados pela pandemia do Coronavírus. Além disso, os principais problemas brasileiros - corrupção, desemprego e saúde pública - seguem se agravando.

Quanto ao cenário de trabalho, observa-se a dúvida, a inconstância e a falta de perspectiva. Aquele ambiente que deveria ser gerador de realização, de motivação e de segurança vive igualmente uma condição de instabilidade – surge ordem de fechar, passado um tempo, ordem de abrir por tempo reduzido, com equipe reduzida, a produtividade cai, o lucro cai, desparecem os subsídios, crescem a falta de subsídios e matéria-prima até que começam as demissões. Empresas fecham algumas unidades. Outras fazem apenas uma redução de quadro funcional e outras encerram atividades em todo planeta. As notícias correm aterrorizando e vem a pergunta: "Até quando estarei empregado"?

Em relação ao cenário familiar, riscos psicossociais já conhecidos, como conflitos familiares, endividamento, violência doméstica, falta de qualidade de vida e desemprego, seguem se agravando. O custo emocional, causado pelo distanciamento social, gera ainda mais dificuldade nos relacionamentos, visto que o suprimento de afeto fica prejudicado, acarretando mais desintegração e desajuste. Atritos são causados pelos que não querem o distanciamento, assim como por aqueles que acreditam que o distanciamento é a única solução. Assim, a divergência na visão e na condução da ameaça pandêmica pode trazer estresse emocional, conflitos relacionais e desajustes na estrutura da rotina e da vida familiar.

Outro aspecto que se percebe se refere ao relacionamento familiar dos parceiros de quarentena que dividem o dia a dia 24 horas, 7 dias por semana, sem a possibilidade de alternar de ambiente ou de companhia. Essa condição de constância permanente, ininterrupta e contínua de estar no mesmo lugar, com a mesma pessoa, fazendo as mesmas coisas e sem perspectiva de mudança, para muitos, pode se tornar um fator estressor importante, acarretando estresse mental. De acordo com o Colégio Notarial do Brasil (2020), houve um crescimento das escrituras públicas de divórcio em 260% entre abril e julho de 2020. O crescimento aconteceu nos 24 Estados brasileiros sendo que no Amazonas foram 133%, Piauí 122% e Pernambuco 80%. Os casos de feminicídio cresceram 22% em 12 Estados entre abril e julho de 2020, lembrando que existem subnotificação de raça, gênero e orientação sexual. Entre março e agosto, 1 mulher foi morta a cada 9 horas.

O ambiente familiar que deveria ser um local de acolhimento, de segurança e de afeto passa a ser vivido, em alguns casos, como uma prisão, sem afeto, com intolerância e solidão.

Por outro lado, existem dados de que, entre 2018 e 2019, o Brasil vinha perdendo lugar no ranking mundial em ações de solidariedade. Entre um ano e outro, foram 300 mil pessoas a menos participando de ações de solidariedade. No entanto, a pandemia trouxe uma forte reversão desses números: mais de 20%, sendo que enquanto 49% dos brasileiros estavam praticando alguma ação solidaria, nas favelas, este número estava em 63%.

Iniciativas do tipo fazer doações por internet, promover campanhas, adotar animais abandonados, oferecer ajuda a idosos, a vizinhos e a familiares, confeccionar e distribuir máscaras gratuitamente, cozinhar e oferecer refeições a moradores de rua, fazer show nas sacadas para alegrar as pessoas, oferecer apoio e aconselhamento voluntariamente entre tantas outras parecem ter se tornado rotina e deixado de ser novidade. Um forte sentimento de compaixão e empatia parece ter tocado os corações dos brasileiros, como uma forma de se sentir em interação e próximos, suprindo, de certa forma, a necessidade de contato, de troca, de proximidade e de afeto. A solidariedade trouxe ao brasileiro um canal para interação, minimizando, assim, o vazio e a solidão da quarentena e do distanciamento social.

A prática da solidariedade, por si só, reflete a necessidade e o desejo de uma sociedade mais justa e igualitária. Assim sendo, tivemos nesse episódio uma maior sensibilização e, talvez, uma expansão da consciência sobre as desigualdades que vivemos.

No entanto, faço essas observações para, então, chegar no foco do indivíduo. Analisando todos esses cenários que constituem o entorno do nosso avaliado, podemos, então, concluir uma compreensão de sua condição de responder aos riscos psicossociais. Percebendo a dinâmica de seu funcionamento ao interagir com esses ambientes em que se insere, a condição de análise de suas atitudes, de seus pensamentos, de suas emoções e de cultura pessoal, ou seja, como se formou, como registrou as influências recebidas e o quanto consegue, assim, ter sua saúde mental preservada para seguir lidando com os riscos do trabalho.

Em tempos de pandemia, temos todos os hábitos, rotinas, costumes e planos desconstruídos, colocando o indivíduo em um horizonte desconhecido, sem perspectivas e sem clareza sobre seu futuro. O impacto da pandemia ressoa na gestão da saúde pública e, por consequência, na economia do país, trazendo mais crise, mais conflito e mais tensão. Sem dúvida, todos esses movimentos afetam a saúde financeira das empresas, gerando desemprego, perda de renda e grande insegurança e instabilidade para a vida de todos.

Todas essas demandas acarretam mais ansiedade, mais depressão, mais estresse e atingem fortemente a estrutura de toda sociedade e, portanto, de cada cidadão. Alguns se mostram com mais capacidade de assimilação, de ajuste e de aprendizagem. Outros nem tanto, respondendo com intolerância, agressividade e resistência.

Os fatores psicossociais representam tudo que é demandado pela sociedade e que interfere na resposta psicológica do indivíduo.

Nesse momento, a contaminação, a possibilidade de adoecimento pela falta de um tratamento adequado, o distanciamento e isolamento social e o impacto na economia trazem desemprego e redução da renda junto de uma nova crise econômica.

Esses novos fatos que passaram a ser parte da vida diária de todos os brasileiros podem ser vividos de forma a gerar adaptação e aprendizado ou ansiedade, desajuste e insegurança.

Quando a resposta a esses fatores não é favorável a saúde mental, temos, então, os riscos psicossociais da pandemia: medo, solidão, depressão, pânico, alterações de sono, humor ou apetite, que podem levar à formação de transtornos, comprometendo todas as áreas e funções do indivíduo.

Figura 6

Quando o anormal passa a ser normal

O QUE PARECE ANORMAL PASSA A SER NORMAL

➡ APESAR DE ESPERADO É IMPORTANTE NÃO PATOLOGIZAR.

- FÍSICO: tensão, fadiga, dores corporais, respostas aceleradas, náuseas, pressão no peito.
- COGNITIVO: estados confusionais, tomada de desição perturbada, pensamentos intrusivos, baixa concentração e memória.
- COMPORTAMENTO: hipervigilância, busca por culpados, agitação psicomotora, fala acelerada, retraimento social, coordenação prejudicada.
- EMOÇÃO: culpa, medo, tristeza acentuada, desconfiança, angústia, irritabilidade, apreensão, insegurança.

➡ O DESFECHO MAIS COMUM É O RETORNO A NORMALIDADE.

Por tratar-se de uma nova experiência, estamos aprendendo, adaptando e desenvolvendo respostas mais apropriadas e que não prejudiquem tanto a saúde mental. Enquanto isso não acontece, é necessário evitar a patologização precoce e precipitada. Sabemos, por estatísticas de outros países, que a tendência é de normalização, ou seja, o desfecho mais frequente é de retomada da saúde mental. Esse é um aspecto de extrema importância – avaliar a vulnerabilidade do sujeito diante da pandemia. É de grande importância observar quais as condições reais do avaliado para lidar, adaptar-se e superar todos os desafios da pandemia e do distanciamento social.

Alguns vivem em situação de precariedade social, morando em casas pequenas e com poucas condições de saneamento junto de vários outros familiares, não possuem rede de apoio para emergências (amigos, familiares ou vizinhos) e podem viver a tensão e o risco de contaminação com maior dificuldade.

Outra questão que aumenta a sua vulnerabilidade são casos pré-existentes de depressão, ansiedade ou qualquer outro tipo de desordem psicológica, assim como diagnósticos prévios de algum transtorno. Esses sujeitos podem ter seu quadro agravado ou novos problemas podem surgir.

Pessoas com dificuldade de praticar o autocuidado, seja por limitação cognitiva, seja por não acreditar que é importante, seja por falta de consciência, podem ter, ainda, alguma incapacidade para desenvolver estratégias positivas e favoráveis ao enfrentamento da pandemia.

O aumento da violência doméstica, riscos de agressividade entre familiares ou entre vizinhos também podem tornar nosso avaliado ainda mais suscetível a mais problemas. Pode haver situações de desorientação, dúvida, confusão e dificuldade em compreender o que se passa. Há ainda aqueles que recorrem ao uso de álcool, drogas ou outros elementos psicoativos como forma de controlar sua ansiedade.

Para que uma avaliação seja bem conduzida e seu resultado final seja fidedigno, o avaliador deve ter todos os construtos bem-conceituados e compreendidos.

A qualidade de uma avaliação depende muito da capacitação do psicólogo que a conduz, e essa capacitação começa por saber O QUE AVALIAR. Nesse caso, prepare-se para a entrevista, estudando detalhadamente cada construto e elaborando um roteiro de entrevista para que nenhum item fique de fora.

Tenha em mente o objetivo da avaliação, ou seja, a que ela se propõe, porque está sendo realizada. Essa clareza também contribui muito para a condução da entrevista e para a construção da decisão final.

O que Fazer com o Resultado Desfavorável na Avaliação Psicossocial

Esta é uma questão em geral não contemplada pela empresa ao iniciar a prática das avaliações psicossociais. Muitos buscam pela avaliação psicossocial por se tratar de uma obrigatoriedade exigida pelas normas regulamentadoras do Ministério do Trabalho, e isso é um grande equívoco. Todos sabem que essas avaliações existem para proteger a segurança do trabalhador, por meio de cuidados com sua saúde. Se é assim, parece óbvio que, havendo resultados desfavoráveis (inapto), alguma providência precisa ser tomada para recuperar as condições favoráveis - seja um tratamento médico ou algum atendimento psicológico. E, se as condições são desfavoráveis, então, esse trabalhador não está recomendado para lidar com os riscos a que se submete no trabalho. Mas, então, o que fazer? Desligar? Jamais!!

Um colaborador com resultado inapto deve ser afastado do risco, não da função. Afinal, seria contraditório e sem sentido manter uma pessoa lidando com os riscos diários do trabalho, se sua avaliação foi desfavorável, certo?

Demitir, nunca! Uma avaliação psicossocial não deve ocasionar demissões, mas sim ações de cuidado, atendimento, apoio e orientação para que sua saúde se recupere. Ele se mantém trabalhando em sua função, porém distante dos riscos mais importantes, contando com o apoio de seus colegas e líderes. Vale lembrar que o afastamento do risco é uma medida provisória, até que ele recupere as condições de saúde e de segurança, passando a ser apto em sua avaliação psicossocial e, assim, reassumindo todas as atividades.

Desligar seria andar na contramão do sentido maior de uma avaliação psicossocial. Demitir comunicaria, implicitamente, a todos os colaboradores que caso alguém adoeça e não possa seguir desempenhando suas atividades integralmente não será mais aceito no time. Significa acreditar que a empresa não se interessa pela saúde de seus colaboradores e que nada fará para promover sua saúde, exceto desistir. Certamente, as avalições psicossociais, assim como a área de RH e SST cairiam em descredito aos olhos das pessoas. Sem falar na grande probabilidade de reclamatórias trabalhistas. Realmente seria um desastre!

Ao surgir o primeiro inapto, a recomendação é de que este seja encaminhado ao tratamento ou atendimento necessário, afastado dos principais riscos e acompanhado pelo RH e por seu líder, que já deverá estar orientado e preparado para oferecer esse amparo.

Caso o avaliado seja apto, poderá receber uma recomendação relativa a algum aspecto que deva ser cuidado, mas que não o inabilita para seguir com suas atividades. Já o avaliado com resultado inapto, receberá um encaminhamento de forma que dê início ao tratamento ou atendimento que for necessário para que recupere sua saúde mental e todas as condições de se desempenhar com comportamento seguro. É importante que os encaminhamentos sejam seguidos e que haja compromisso de cada um para que tudo aconteça de forma harmoniosa.

Quanto as reavaliações, estas devem acontecer em no máximo 12 meses, mas podem acontecer antes, caso o avaliador compreenda dessa forma. Se o motivo pelo qual o colaborador foi inapto seja algo que possa ser sanado em curto prazo, o avaliador poderá pré-agendar a reavaliação para um período menor de 12 meses, evitando, assim, que o afastamento das atividades se alongue mais que o necessário.

Tudo isso deve ser pontuado e esclarecido para que a empresa tenha clareza sobre o que acontecerá – não se trata de uma simples avaliação ou de um documento a ser produzido, mas de algo que irá impactar na cultura e na gestão das pessoas.

É um trabalho multidisciplinar. Todos devem contribuir fazendo a sua parte. Esse alinhamento previne problemas e estimula o trabalho em equipe de maneira que os resultados sejam construídos em conjunto e seu objetivo maior atingido.

CAPÍTULO 2

Fatores Psicossociais e Riscos Psicossociais

Em tempos modernos, espalhou-se a notícia que Deus abrira uma loja no shopping. E as pessoas se acotovelaram para comprar autoestima, felicidade, paz, confiança, sabedoria. E, então, Deus disse: Prestaram atenção na placa? VENDEM-SE SEMENTES!
Sejamos sementes que possam frutificar e florescer!
Fabula das Sementes

Fatores Psicossociais – O Foco está no Ambiente

O estilo de vida que hoje vivemos se caracteriza pela inundação de informações que recebemos incessantemente e pela rapidez com que tudo acontece. Basta observar os comentários frequentes – "Nossa, como o ano está passando rápido!" ou ainda, "Como esse menino cresceu rápido!"

A dita 3ª Revolução Industrial trouxe as relações virtuais em lugar das relações presenciais. Trocou o abraço, pelo *emoji*. Trocou a comunicação verbal, pela comunicação escrita, isenta de emoção, repleta de subentendimentos e conflitos e sem nenhuma expressão corporal. Diante disso, surge a escassez de afeto e abundância de conflitos e, em decorrência, a ansiedade, as fobias, a depressão, o uso de álcool e o estresse como resposta a isso tudo.

No ambiente de trabalho, esses fatores ganham força se reproduzindo por meio de cobranças por meio de *WhatsApp* a qualquer hora do dia ou mesmo das férias, os conflitos provocados por competições desmedidas, o nível de exigência demasiado do trabalhador sobre si mesmo, as pressões por produtividade e pelo alcance de metas abusivas, entre tantas outras formas.

Passou-se a falar, então, nos fatores psicossociais gerados por essa nova fase nas organizações, como algo que deva ser urgentemente identificado e tratado para evitar maiores danos às pessoas e às organizações.

A Organização Mundial da Saúde descreve os "fatores psicossociais como os aspectos que definem a interação subjetiva entre o trabalhador e seu trabalho, os quais interferem na vivência de bem-estar no trabalho e nos processos de descompensações na saúde, seja mental ou física." (SESI-PR, 2017)

Os fatores de risco psicossocial tratam de tudo que influencia na saúde física e mental do trabalhador. São eles: o conteúdo do trabalho (a tarefa), a carga e o ritmo de trabalho, a jornada de trabalho, os controles exercidos, o ambiente de trabalho, os equipamentos necessários, a cultura organizacional, o modelo de liderança, os relacionamentos, seu papel na empresa, as possibilidades de carreira, a interação trabalho/vida pessoal e as exigências emocionais do trabalho.

A Engenharia de Segurança aponta para cinco tipos de riscos destacados por cores para facilitar sua identificação:

Figura 7

Mapa de riscos, segundo a Engenharia de Segurança

RISCOS FÍSICOS	RISCOS QUÍMICOS	RISCOS BIOLÓGICOS	RISCOS ERGONÔMICOS	RISCOS DE ACIDENTES
Ruídos Vibrações Radiações ionizantes Radiações não ionizantes Frio Calor Pressões anormais Umidade	Poeiras Fungos Névoas Neblinas Gases Vapores Substâncias compostas ou produtos químicos	Vírus Bactérias Protozoários Fungos Parasitas Bacilos	Esforço físico intenso Levantamento e transporte manual de peso Exigência de postura inadequada Controle rígido de produtividade Imposição de ritmos excessivos Trabalho em turno e noturno Jornadas de trabalho prolongadas Monotonia e repetitividade Outras situações causadoras de stress físico e/ou psíquico	Arranjo físico inadequado Máquinas e equipamentos sem proteção Ferramentas inadequadas ou defeituosas Eletricidade Probabilidade de incêndio ou explosão Armazenamento inadequado Animais peçonhentos Outras situações de risco que poderão contribuir para a ocorrência de acidentes

Guia Prático de Mapa de Riscos de Acidentes de Trabalho", elaborado em 1995 por FIESP, CIESP, SESI, SENAI e IRS e adaptado com partes do texto extraído de https://www.pucsp.br/cipa/mapa-riscos.html 0 2022.

1. Os riscos físicos se referem aos riscos provenientes do ambiente de trabalho e que podem gerar prejuízos à saúde do trabalhador.
2. Os riscos químicos também surgem do ambiente de trabalho e podem causar diferentes tipos de intoxicação, também prejudicando a saúde física de quem se expõe a eles.
3. Já os riscos biológicos podem contaminar e provocar doenças de todos os tipos, desde as mais graves.
4. Os riscos ergonômicos tratam das limitações físicas, cognitivas

e psicológicas de seu executor e, por esse motivo, podem prejudicar, inclusive, a saúde mental. Aqui, classificam-se os riscos psicossociais, embora sem grande destaque.

5. Por fim, os riscos de acidentes indicam tudo que pode ameaçar ou prejudicar a integridade física, a saúde e segurança do trabalhador.

Riscos Psicossociais

Mas, onde estão os riscos psicossociais? Nessa classificação pode-se perceber claramente o quanto os riscos psicossociais ainda não são tão estudados e contemplados na gestão dos riscos psicossociais. Eis aí o nosso desafio!

No ambiente de trabalho, é possível observar o que pode ser causador de risco psicossocial. Destaco, aqui, a importância de contextualizar o indivíduo na cultura organizacional, modelo de gestão de pessoas e ainda no sub clima de seu setor que está sob a influência de seu líder imediato.

Uma empresa com cultura orientada para a produtividade, que não possui políticas e ações orientadas para a saúde mental e segurança e cujo modelo de gestão não contempla os limites humanos, provavelmente, irá gerar riscos psicossociais oriundos de fatores como conflitos nos relacionamentos, ausência de qualidade de vida, pressões, cobranças, sobrecarga ou superexigência.

Esse tipo de cultura, que permite a formação de riscos psicossociais, provavelmente, terá índices de acidentes de trabalho e de afastamento decorrentes de causas emocionais e de danos à saúde mental. Porém, essa causa provavelmente não será periciada como causa do acidente de trabalho, por não ser considerado os riscos psicossociais como um fator aceitável. Assim, comumente, ouve-se que causa foi "falha humana" ou "falha operacional".

Na medida em que estes fatores são vividos de forma estressora, gerando desgastes, sejam físicos, sejam mentais, passam a ser entendidos, então, como riscos psicossociais.

Figura 8

Riscos Psicossociais no Trabalho

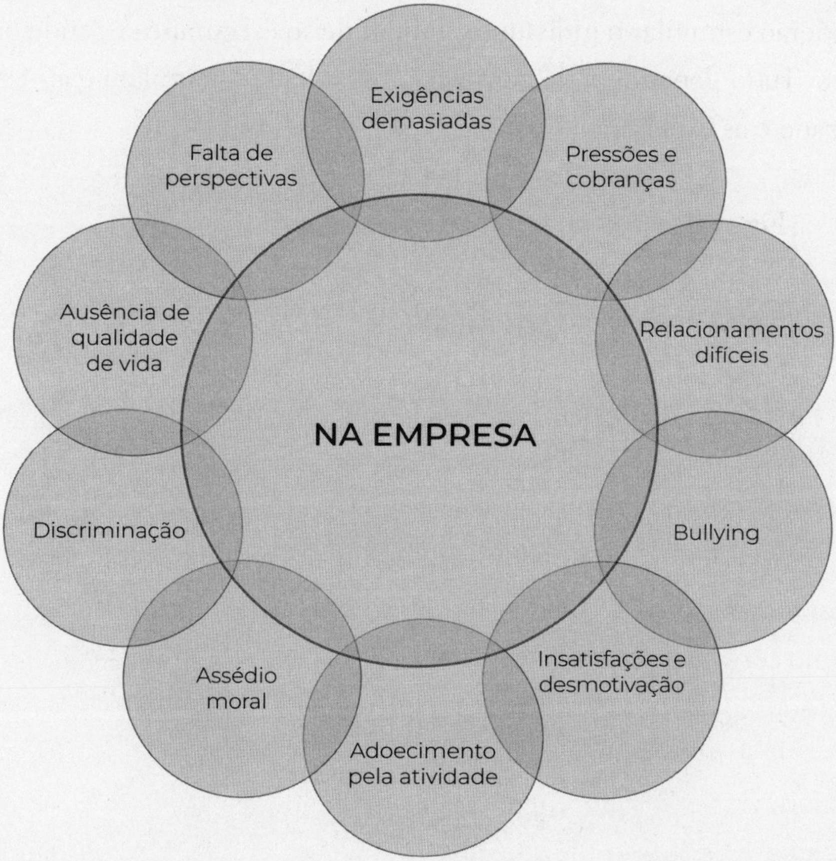

Do mesmo modo, a cultura familiar traz as características de sua cultura revelada a partir dos valores que o indivíduo traz consigo. Fatores muito comuns a família brasileira são: conflitos familiares, problemas com o desemprego, doenças maltratadas, endividamento, falta de integração, entre outros.

Esses mesmos fatores podem ser vividos de formas diferentes entre as famílias. Seu estilo de vida e atitudes diante das dificuldades indicarão o quanto esses fatores serão vividos em forma de riscos, podendo desencadear outras dificuldades e problemas graves, como violência doméstica, por exemplo.

Estes dois ambientes: família e trabalho, intervindo entre si, poderão estimular o indivíduo a cuidar de sua segurança e saúde ou não. Tudo dependerá de como esse trabalhador assimilará o aprendizado e as experiências diárias.

Figura 9

Riscos Psicossociais na Família

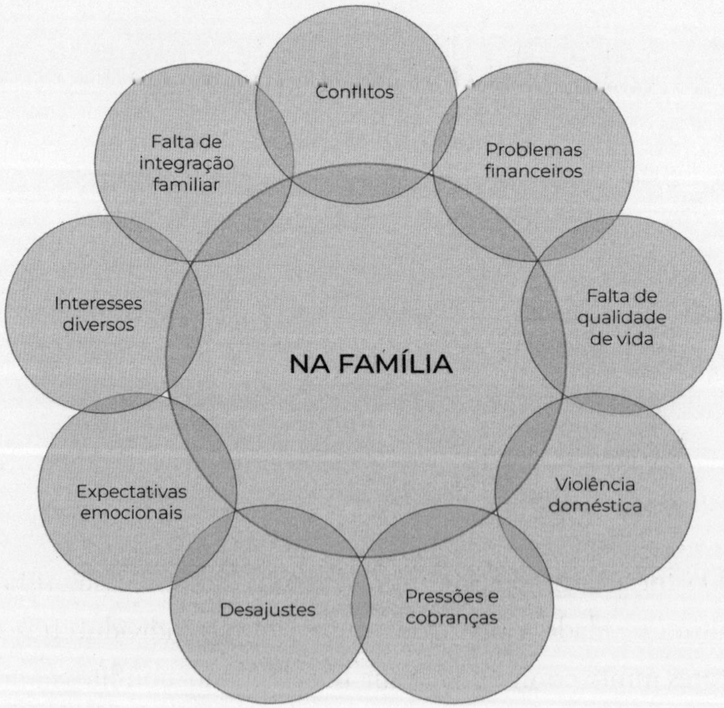

Já a pandemia da Covid-19 traz, por suas próprias características e, portanto, fatores psicossociais específicos, que devemos ficar atentos a:

- Contaminação;
- Doença;
- Falta de vacina e tratamento;
- Distanciamento social;
- Redução da renda;
- Escassez de recursos;
- Crise econômica.

Figura 10

Ricos Psicossociais na Pandemia

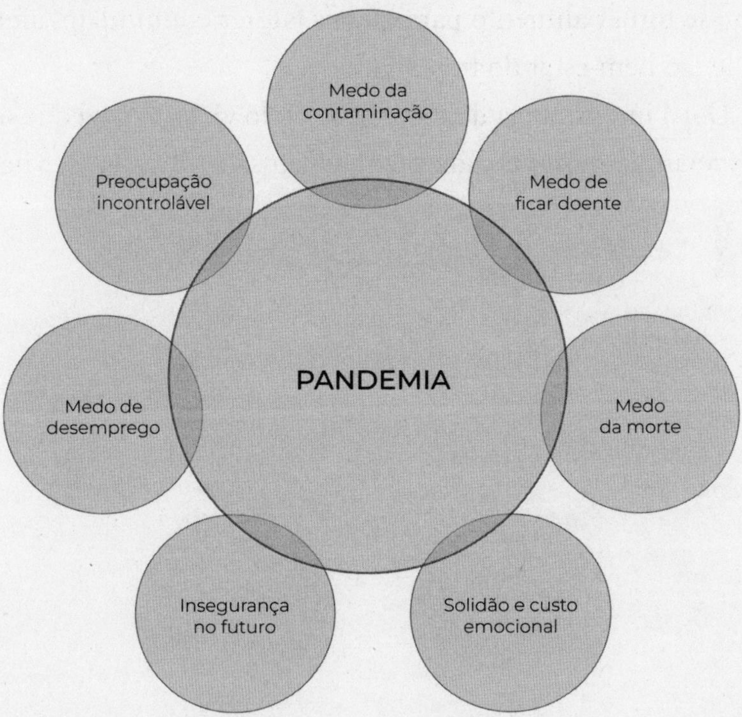

A Organização Internacional do Trabalho (1986) entende que "riscos psicossociais são as interações entre o conteúdo do trabalho, organização e gestão do trabalho e outras condições organizacionais e ambientais, por um lado, e as competências e necessidades dos trabalhadores, por outro, que provem ter uma influência perigosa a saúde dos trabalhadores através das percepções e das experiências."

Assim, fica claro que os fatores psicossociais tratam de tudo que influencia a saúde emocional e mental do ponto de vista subjetivo no ambiente de trabalho, vindo das relações de trabalho, da cultura organizacional, do modelo de gestão, do ambiente de trabalho e das características da atividade em si.

Esses fatores passam a ser riscos a partir do momento em que sua influência gera danos ao trabalhador. Portanto, na medida em que os fatores se tornam geradores de riscos, estes riscos, por sua vez, podem se tornar alimento para que os fatores contundam, afetando a saúde e o bem-estar do trabalhador.

Daí a importância de cura desse ciclo vicioso, para que os prejuízos sejam menores e cada vez mais possíveis de serem evitados.

Figura 11

Como os fatores psicossociais podem afetar a Saúde do Trabalhador

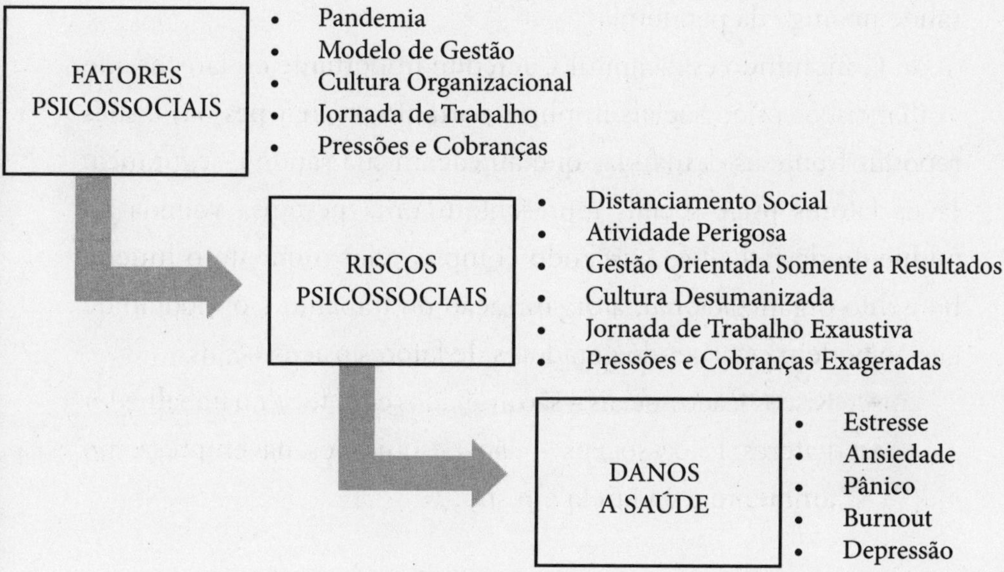

Cabe, ainda, esclarecer que na medida em que os riscos psicossociais crescem no trabalho, passam a se expandir na vida pessoal. É importante lembrar que somos um só – por mais óbvio que isso pareça. Muitos ainda tentam acreditar que é possível separar os problemas do trabalho e os problemas pessoais. No entanto, parece-me já estar bem divulgado que não existe essa possibilidade. A pessoa que somos em família é a mesma pessoa que vai trabalhar e leva consigo todas as suas emoções, ideias, preocupações, desejos, expectativas, medos e, enfim, toda sua vida interior. A realidade externa é apenas o cenário no qual a realidade interna se manifesta. O universo de cada indivíduo é único e, portanto, indivisível.

E por perceber a complexidade do cenário atual, em um mundo V.U.C.A (volátil, incerto, complexo e ambíguo), insisto na urgência em observar a importância e necessidade da avaliação psicossocial para início de ações de gestão, diante de funções que ainda passam despercebidas, mas que atacam fortemente a saúde psicológica do trabalhador, por exemplo, a categoria dos profissionais da saúde no auge da pandemia.

Concluindo este capítulo, acredito importante esclarecer que avaliar riscos psicossociais implica, portanto, avaliar pessoas e suas repostas frente às demandas que ameaçam sua saúde e segurança. Já os fatores psicossociais representam uma pesquisa voltada ao ambiente de trabalho, buscando compreender o quanto o funcionamento organizacional, a organização do trabalho e o modelo de gestão podem estar sendo geradores de fatores psicossociais.

- Riscos Psicossociais – são avaliados com foco no trabalhador
- Fatores Psicossociais – são pesquisados na empresa, no ambiente e na tarefa em si.

CAPÍTULO 3

Fundamentos da Análise Psicossocial

"Vivemos hoje num mundo totalmente interligado, no qual fenômenos biológicos, psicológicos, sociais e ambientais são todos interdependentes. Precisamos, pois, de um novo paradigma, uma nova visão da realidade, uma mudança fundamental em nossos pensamentos, percepções e valores.

Fritijof Capra

Ao realizar uma Avaliação Psicossocial, é preciso expandir a consciência e compreender que iremos muito além de cumprir normas. Não se trata de uma atividade burocrática, mas de um novo olhar para SST gerador de uma nova cultura e da urgente revisão dos valores praticados sobre a gestão das pessoas. Essa atividade exige que se tenha clareza sobre nosso foco de análise e, conceitualmente, compreender o que explorar no indivíduo. Do mesmo modo, é importante que o gestor compreenda a complexidade da atividade que terá sua equipe submetida.

É preciso ter em mente que essa avaliação deve servir para demonstrar as condições psicológicas (forças e potencialidades) que o trabalhador apresenta para poder lidar com fatores psicossociais e as atividades críticas que desempenha, de modo a preservar sua saúde e prevenir acidentes de trabalho.

Dito isto, precisamos, assim, compreender o que poderia compor um perfil seguro e saudável. Quais seriam os elementos que precisam ser compreendidos para chegarmos a essa conclusão? O que devemos encontrar no trabalhador para que se conclua que este possui as condições psicológicas suficientes para enfrentamento de um cotidiano desafiador?

Essas avaliações devem ser realizadas com um foco bem claro e conceituado. Basicamente, quatro áreas devem ser exploradas: cognição, saúde, emoções e cultura.

Em relação à cognição, vamos investigar a capacidade do indivíduo em perceber os riscos presentes em seu dia a dia e suas condições em desenvolver estratégias de enfrentamento.

Quanto a emoções, avaliamos se o medo é negado ou reconhecido e como lida com esses medos, avaliamos sua autoestima e a inteligência emocional que envolve o autoconhecimento, habilidade de relacionamento, adaptabilidade e gestão do estresse.

Sobre saúde, avaliamos estresse físico, mental e emocional, assim como o histórico de saúde por meio de questionário de anamnese.

Por fim, quanto à cultura, compreendemos as influências culturais da família e da empresa, considerando também todos os aspectos referentes a pandemia e suas repercussões.

Porém, todos esses elementos devem ser considerados dentro dos cenários externos, nesse momento, então, a pandemia passa e ser relevante por trazer uma maior intensidade aos riscos psicossociais já existentes e pelo impacto que representa por si só.

Vejamos, a seguir, quais os aspectos avaliados e de que forma interferem no perfil de segurança desejado.

Figura 12

O que avaliar?

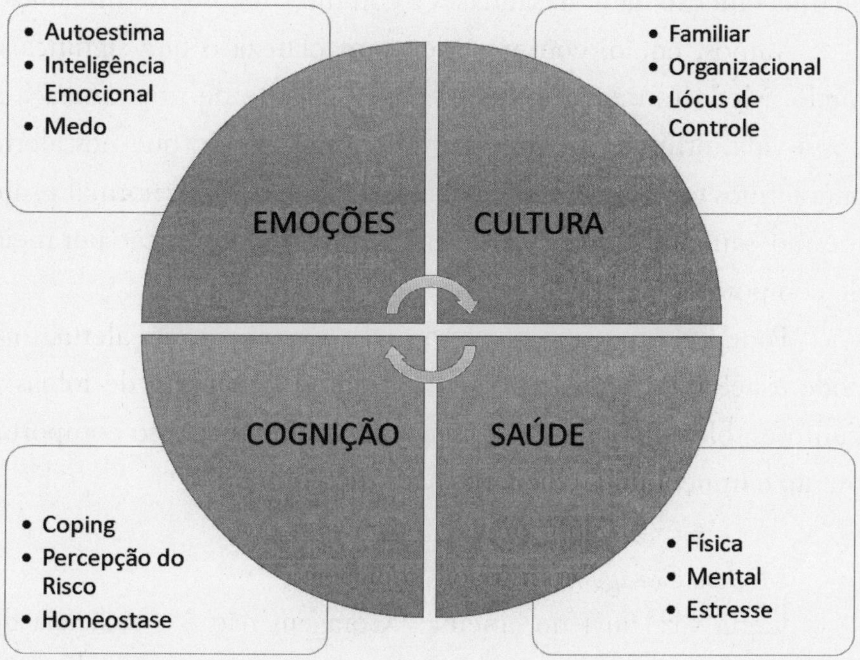

A Questão do Medo

O Medo, para muitos, representa um tabu. Algo que não deve ser exposto. Para alguns trabalhadores, que enfrentam grandes riscos físicos, químicos, biológicos ou ergonômicos, falar de seus medos pode representar uma fragilidade ou, até mesmo, incompetência. Como ouvi certa vez, conversando com eletricistas: "Se eu tivesse medo, não poderia trabalhar com isso."

Negar o medo pode representar a falta da percepção dos riscos ou a fragilidade de uma autoestima já desgastada. Seja qual for a explicação, estamos diante de situações de riscos aumentados, de maiores chances de acidente. Mas o que é medo? Como entender isso, e ajudar os profissionais a aceitarem de forma simples a presença de uma emoção natural, saudável e comum a todos seres humanos.

Vamos, então, compreender com clareza o que significa o medo. Medo é uma emoção que surge diante de uma ameaça a nossa vida, oriunda de um instinto de preservação que nos alerta para termos cuidado. Sendo assim, o medo é natural, normal e, até mesmo, saudável, pois nos leva a buscar nossa preservação por meio de comportamentos seguros.

Pode funcionar em nível normal e ser apenas esse alerta, mas pode exacerbar tornando-se um transtorno em forma de fobias e neuroses, bloqueando nossas reações, paralisando nosso comportamento e impedindo a ação adequada diante do risco.

Medo e Coragem

Certa vez, ouvi no cinema: "Coragem não é a ausência do medo, mas a certeza do que existe algo maior que o medo." Resgato este conceito para esclarecer que não é possível esquecer, negar e evitar o medo, se quisermos segurança. Porém, reconhecê-lo, aceitá-lo e nos utilizar dessa emoção para fazer escolhas e tomar decisões inteligentes e sábias, ainda me parece a melhor forma de entender e tratar do medo. Dizer não a uma ação ou ambiente inseguro pode representar coragem ou invés de medo. Pode representar que minha vida vale mais que um procedimento de trabalho e que este valor pessoal não será esquecido. Negar-se a uma ação insegura pode comunicar maturidade para exercer um direito de recusa. Contudo, em alguns casos, pode ser indicador de transtorno fóbico, de neurose de ansiedade ou ainda em mera negligência que busca se esconder atrás de ações de segurança. Caberá a empresa saber discernir para, assim, melhor compreender os profissionais que atuam com risco.

Medo e Percepção dos Riscos

Outro aspecto a considerar, diz respeito a percepção dos riscos. O medo ocorre na mesma medida em que o risco é percebido, ou seja, tenho medo daquilo que percebo como uma ameaça a minha integridade física. Recentemente, diante de operadores de uma indústria de produtos altamente inflamáveis, tive uma grande surpresa com as respostas que obtive sobre os riscos percebidos. Ao invés de apontarem riscos como as altas temperaturas, explosões, intoxicação química ou queimaduras, colocaram como o mais importante risco, a redução de custos em manutenção e em lotação de pessoal. Segundo o entendimento dessas pessoas, essa condição coloca os equipamentos em situações deficitárias e com a redução de pessoal uma sobrecarga de trabalho com possibilidade de dobrar as jornadas de trabalho diário de 8 para 16 horas. Diante disso, a insegurança aumenta junto com o sentimento de que a segurança dos funcionários não parece ser uma preocupação da empresa. Nesse caso, a configuração do medo passa a estar atrelada à cultura organizacional e não necessariamente ao ambiente físico em si.

Em alguns casos, o medo resultante do risco pode ainda estar gerando medos secundários, por exemplo, medo de perder o emprego, medo de ser chamado de incapaz, medo de não ser valorizado, que também irão fragilizar e impactar na autoconfiança que sustenta a condição para lidar com os riscos.

Medo e Adrenalina

Em alguns casos, o medo deve ser compreendido como algo necessário e impulsionador da motivação e do interesse do indivíduo. Trata-se de pessoas que se alimentam da força gerada pela produção desse hormônio. Estar em um ambiente perigoso é motivador e o faz sentir desafiado, sendo assim, irá recorrer aos meios necessários para que obtenha os resultados esperados. No entanto, nessa certa busca pelo perigo, deve-se observar limites, de forma que o indivíduo possa lidar de forma motivadora com esses riscos, porém atenta as normas e requisitos de segurança fundamentais.

Percepção dos Riscos

Antes de tudo, é preciso que se tenha noções básicas sobre como se dá o processo perceptivo. Locke foi um dos mais famosos estudiosos no campo da percepção sensorial e entendeu, assim como Aristóteles, que as percepções se dão a partir do que já vivemos e das experiências que vivemos, formando, assim, nossa noção de realidade. Dessa forma, a percepção ocorre não apenas de forma passiva ou por meio de associações livres, mas adquirindo sentido e significado a partir da reflexão e da abstração, criando uma experiência completa. Do mesmo modo, Kant entendeu que todo objeto percebido buscaria algum significado e sentido, formando uma organização de elementos que resultaria em um algo coerente.

Em outras palavras, podemos entender também que percepção nada mais é do que um processo de estímulos sensoriais, que se organizam em sinais neurais, sendo, assim, interpretados em informações e significados. Assim, primeiro ocorre a sensação (captação do estímulo) e depois a percepção (processamento do estímulo em informação). A fórmula mais simples apresenta-se desta maneira:

Figura 13

Processo perceptivo segundo a Lei de Weber

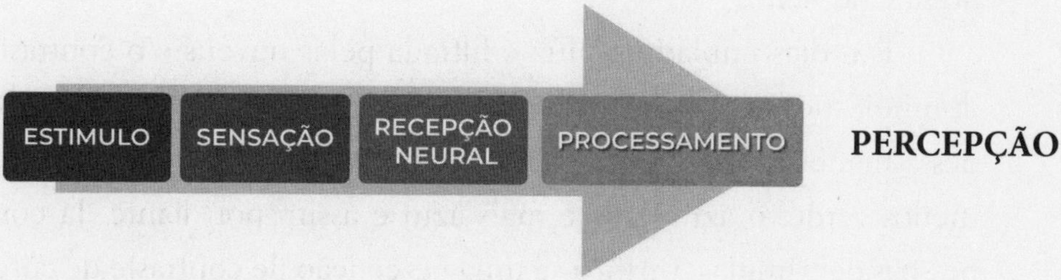

BURKET, Janaina Fernandes de Medeiros. Leis Psicofísicas. Site: http://repositorio.furg.br/bitstream/handle/1/9440/5%20PSICOFÍSICA1.pdf?sequence=1#:~:text=Lei%20de%20Weber%3A%20Lei%20Geral,original%20é%20sempre%20uma%20constante.&text=Esta%20relação%20é%20designada%20fração,para%20diferentes%20valores%20de%20C.

Para que a sensação ocorra, é necessário que haja uma energia mínima desse estímulo para que ocorra o processamento. Devemos, ainda, considerar o estado emocional, as condições de saúde, experiências anteriores e expectativas que irão influenciar diretamente nesse processo perceptivo. A isso chamamos de Limiar Absoluto, ou seja, a condição mínima necessária para que um estímulo seja percebido e desencadeie algum tipo de mudança comportamental. Outro aspecto a considerar, diz respeito ao limiar diferencial, ou seja, o quanto as pessoas podem distinguir entre dois estímulos. Exemplo: a maioria das pessoas não conseguem distinguir entre a ponta de um ou de dois dedos repousados sobre suas costas (tato) ou a presença de outro instrumento que foi acrescido a uma orquestra (audição).

Outro aspecto a observar, refere-se à adaptação sensorial, que ocorre com o passar do tempo diante de um mesmo estímulo pemanente e que não se modifica. Este tende a desparecer de nossa sensação, visto que perde em energia, reduzindo as mensagens neurais e, por consequência, o processamento perceptivo. Um exemplo desse fenômeno:

Em dias nublados, a luz é filtrada pelas nuvens e o contraste diminui, mesmo que a intensidade se mantenha ou seja ampliada, dessa maneira o vermelho parece menos vermelho, o verde parece menos verde, o azul parece mais azul e assim por diante. Já com pessoas deprimidas, verifica-se uma percepção de contraste de cores diminuída. Em um dia ensolarado, uma pessoa clinicamente deprimida poderá ter uma percepção de cor diferente de uma pessoa saudável. Dessa forma, você acredita que a maneira como percebemos as cores pode afetar o nosso humor, da mesma maneira que o nosso humor pode afetar nossa percepção de cores? Nossa percepção de cores pode influenciar nossa vida psíquica? Poderá uma percepção deficiente das cores ser um dos fatores que influenciam o surgimento de uma depressão?

Portanto, não reconhecemos o ambiente como ele, na realidade, apresenta-se, mas como somos capazes de reconhecê-lo, partindo de nosso padrão mental, nossos conceitos, valores e cultura. Quero dizer, com isso, que essa percepção da realidade dependerá de registros que já acumulamos, nossa carga emocional e cognitiva que dá sentido e significado ao que nos rodeia.

Figura 14

O que você vê, pode ser diferente do que o outro vê

Villela, Luccas e Thomaz Pedro , 2010. Site: https://lhvauladon.wordpress.com/2010/06/20/imagens-ambiguas/

O que você vê no primeiro olhar? E a pessoa ao seu lado, o que vê?

Cultura, Valores e Circunstâncias

Para compreender as diferenças na percepção, devemos considerar as variações de fenótipo (a pessoa aqui e agora) que envolvem diferenças biológicas, na capacidade sensorial e cerebral, na idade e na experiência, assim como no contexto geográfico e cultural de cada indivíduo. Isso tudo a torna singular em suas habilidades específicas, seus motivos, seus valores e seus traços, constituindo, assim, sua personalidade. A experiência com um objeto também leva a mudanças significativas na maneira pela qual esse é percebido: seu reconhecimento se torna mais fácil, o objeto é organizado perceptivamente de maneira diferente, aparecem novas propriedades atreladas a ele. Na realidade, nossas capacidades sensoriais e capacidades para descobrir os estímulos e distingui-los uns dos outros podem ser aperfeiçoadas com a prática. As mudanças na percepção são aspectos essenciais no processo da aprendizagem. Do mesmo modo, a forma como percebemos um objetivo depende de nossas motivações, nosso estado emocional, nossos conhecimentos e, até mesmo, de nossas condições físicas. Isso tudo influencia nossa sensibilidade para receber o objeto, assim como suas propriedades percebidas.

Figura 15

A percepção pode sofrer interferências emocionais

Villela, Luccas e Thomaz Pedro, 2010

Site: https://lhvauladon.wordpress.com/2010/06/20/imagens-ambiguas/

Dependendo da motivação afetiva, por exemplo, as imagens percebidas podem ter representações diferentes (um cálice ou duas pessoas frente a frente... preparando-se para um beijo, encarando-se, refletindo...).

Para compreender a influência da motivação na percepção, podemos ter, como exemplo, o caso do alimento: este é percebido mais rapidamente pelo faminto do que pelo saciado e, além disso, parece também mais apetitoso ao faminto; uma mulher pode ser percebida pelo homem de uma determinada maneira antes do ato sexual e de outra bem diferente depois. Já as influências fisiológicas nas percepções podem ser ilustradas, por exemplo, em estados excepcionais associados à doença, à gravidez, à menstruação etc. Na mulher grávida, por exemplo, a capacidade para perceber os aromas é diferente. Nesse aspecto, devemos considerar o uso de drogas e álcool, gerando alterações bastante significativas no processo de interpretação da percepção. A maconha, por exemplo, pode fazer com que sentido do tempo fique deformado, assim como o alcoolismo agudo e crônico pode ser acompanhado por períodos de alucinação em que ocorrem experiências perceptuais assustadoras, tais como as de ver animais subindo as paredes de sua casa ou sendo invadida.

Nossas necessidades também se tornam determinantes no processo de percepção. Muitos experimentos mostram que nossa necessidade nos predispõe e perceber o que queremos. Por exemplo, um indivíduo com fome que vê uma imagem pouco definida pode percebê-la como sendo um alimento, assim como uma pessoa carente e solitária pode compreender a fala pouco clara de um terceiro como um convite para sair.

Já o estado emocional interfere na percepção, influenciando no pensamento e no significado do objeto percebido. Um bom exemplo disso é quando vemos um rosto de alguém parecido com quem não gostamos e, imediatamente, *já sentimos uma certa antipatia pela imagem percebida*.

A percepção de uma pessoa está diretamente associada a seus conceitos morais, seus valores éticos e culturais e, até mesmo, religiosos. Estes definirão fortemente sua forma de perceber a realidade que o cerca. Por exemplo, se mostrar uma foto de uma mulher ocidental na praia de biquíni para um senhor, de idade avançada, árabe de orientação muçulmana, sua reação provavelmente será de reprovação. Assim como se servir a mesa um prato de gafanhotos fritos para um jovem ocidental, sua reação certamente não será de salivar e querer devorar essas iguarias. Apenas com algumas palavras já podemos observar os valores do indivíduo. Por exemplo, a palavra "*sagrado*" era mais rapidamente reconhecida por pessoas que apresentavam elevado valor religioso do que por pessoas com outros valores predominantes.

Portanto, existem comprovadamente predisposições perceptuais determinadas pelos valores, crenças, desejo ou necessidade do indivíduo, que irão variar quanto à saliência, à especificidade, à duração e à relação com outras predisposições.

Algumas predisposições dominam inteiramente a consciência do percebedor. Se alguém está insistentemente em busca da chave perdida em uma gaveta em desordem tem uma saliente predisposição para ver a chave entre as coisas esparsas da gaveta. Outras predisposições são menos salientes. Ao procurar a chave, a pessoa pode encontrar imediatamente uma caneta que procurava há muitos dias, embora possa não observar outros objetos. Nesse caso, a predisposição para a chave era a mais saliente, a predisposição para a caneta a menos saliente e não existia predisposição para outros objetos.

As predisposições diferem também quanto à sua duração. Algumas são extremamente rápidas e outras mais duradouras. A mãe, por exemplo, está predisposta durante 24 horas por dia para ouvir o choro de seu nenê e pode ouvi-lo mesmo quando em meio a outros ruídos ou quando outras pessoas não conseguem ouvi-lo.

Na atual neurociência, encontramos a contribuição de Weber e Fechner que apontam quatro atributos básicos de um estímulo: *modalidade, intensidade, tempo* e *localização.* **Estes atributos dizem respeito às diferentes localidades e consequente mudança de conceito existente. Por exemplo: uma criança do interior, que vive no campo, facilmente reconheceria as diferenças entre os animais que vivem ao seu redor, o que para uma criança da cidade talvez fosse uma dificuldade. Quanto maior a quantidade de estímulos referente a um mesmo objetivo, maior a energia e a possibilidade de uma experiência perceptiva mais completa. Assim, se olharmos uma árvore caindo por meio da televisão e sem som, teremos uma experiência meramente visual, mas se estivermos presenciando a queda da árvore ao vivo, teremos a experiência visual, olfativa, auditiva, do tato e ainda cenestésica (trata-se do sentido causado internamente em decorrência de um estímulo externo). Quando isso ocorre, a possibilidade dessa percepção ser ainda mais rica e intensa aumenta, visto que a experiência adquire maior significado e sentido.**

Digamos que, *enquanto a sensação oferece à pessoa o fundamental da realidade, na percepção esse fundamental se organiza* de acordo com estruturas específicas, conferindo originalidade pessoal à realidade apreendida. A partir da percepção que se transforma na realidade consciente, o sujeito passa a oferecer às suas sensações um determinado fundo pessoal sobre o qual se assentarão as demais futuras sensações. Dessa forma, o objeto sensível está sempre se relacionando com esse fundo perceptivo individual e existirá sempre uma apreciável diferença subjetiva entre o objeto em si e o fundo pessoal sobre o qual ele se faz representar.

Assim, a sensação se dá por meio dos cinco sentidos já conhecidos, porém pode sofrer alterações com base em dois aspectos distintos: a base fisiológica e, especificamente, orgânica e que depen

As alterações na intensidade das sensações referem-se ao aumento e à diminuição do número e da intensidade dos estímulos procedentes dos diversos campos da sensibilidade. São elas:

Hiperestesia sensorial é o aumento da intensidade das sensações. É identificada por meio do aumento da ansiedade, maior excitabilidade da sensibilidade fisiológica e aceleração do ritmo dos processos psíquicos.

Hipoestesia sensorial é a diminuição da sensibilidade. Pode ser percebida pela diminuição da sensibilidade aos estímulos sensoriais, elevação da sensibilidade fisiológica e lentidão dos processos psíquicos.

Anestesia se refere a ausência de todas as formas de sensibilidade.

Agnosia ocorre nos casos em que estão conservadas a integridade das vias nervosas aferentes e existem lesões corticais na vizinhança da área de projeção, nas chamadas áreas para-sensoriais, mantém-se a integridade das sensações elementares, porém há alteração do ato perceptivo.

Alterações na Percepção

Segundo *Bleuler (1919)*, as *ilusões* são percepções reais falsificadas e estudadas sob o título engano dos sentidos. Trata-se, na realidade, da interpretação distorcida de um objeto real, uma falsificação da percepção de um objeto que, de fato, existe. É uma percepção enganosa de um objeto real.

Quando essas distorções acontecem, nossos sentidos são simplesmente enganados por alguma variável circunstancial (iluminação, distância, efeitos ópticos etc.) ou se deixam enganar por alguma emoção. É o caso, por exemplo, de um ruído qualquer que confundimos com passos de alguém se aproximando inesperadamente ou grito de terror ou um tiro perdido. Tais percepções se contaminam de medo, de necessidade de proteção, de saudades ou outro tipo de emoção. Contudo, por si só, a *ilusão* não constitui um estado mórbido ou de insanidade mental, mas pode sim apontar um estado emocional mais ou menos intenso; desde pequenas oscilações do normal até situações patológicas. Os enganos da ilusão podem afetar os cincos sentidos.

Já no caso da *alucinação*, esta é compreendida como sendo a percepção real de um objeto inexistente, ou seja, são percepções sem um estímulo externo. Dizemos que a percepção é real, tendo em vista a convicção inabalável que a pessoa manifesta em relação ao objeto alucinado, portanto, será real para a pessoa que está alucinando.

As *alucinações* podem ocorrer por meio de qualquer um dos cinco sentidos, sendo as mais frequentes as auditivas e visuais. O fenômeno *alucinatório* tem conotação muito mais mórbida que a *Ilusão*, sendo normalmente associado a estados psicóticos que ultrapassam a simplicidade de um engano dos sentidos. Em casos de drogadição ou uso de álcool, as alucinações podem ocorrer como sintoma durante o processo de desintoxicação. A alucinação nada mais é do que um indicador de desestruturação do campo da consciência e do próprio ser consciente, cujas necessidades subjetivas superam a realidade objetiva.

O fenômeno alucinatório, sem nenhuma sombra de dúvida, é um acontecimento extremamente mórbido, doentio, patológico, alienante e causador de grande sofrimento tanto para quem alucina quanto para aqueles que com ele convive.

Portanto, como vimos, em termos de percepção da realidade, deve ser evidente o envolvimento das estruturas neurológicas necessárias, primeiramente, à sensação e, em seguida, à integração e à organização dessas impressões apreendidas da realidade objetiva. Isso tudo se faz no sentido de favorecer a construção do conhecimento do mundo e do próprio indivíduo. Entretanto, essa função totalizadora e integradora das sensações que formam e constroem a percepção individual da realidade envolve mecanismos subjetivos muito além da objetividade neurofisiológica da sensação.

As Múltiplas Percepções para a Segurança no Trabalho

- Consiste na aquisição, interpretação, seleção e organização das informações obtidas por meios dos sentidos.
- A percepção pode sofrer interferência emocional dependendo das experiências já vividas.
- Quando o processo perceptivo se dá por completo, deve provocar uma mudança de comportamento.
- A percepção seletiva nos faz ver, escutar ou focar a nossa atençao em um determinado estímulo em função das nossas expectativas, sem ter em consideração as informações restantes.
- É uma interpretação tendenciosa e parcial da realidade, influenciada por nossos valores e nossas demandas emocionais, que formam filtros para a assimilação dos estímulos, gerando, assim, distorções que resultam na realidade desejada.

O modelo Posner que diferencia a percepção da mensagem em três etapas:

- Alterações atencionais: a mensagem capta nossa atenção.
- Engajamento: processamos a nova informação.
- Desengajamento atencional: a percepção cessa para redirecionar a atenção para outros estímulos.

Ocorrem dois tipos de fenômenos:

1. A natureza dos estímulos refere-se a aspectos sensoriais que nos fazem perceber alguns estímulos de forma mais intensa do que outros. Podem ser características do estímulo, como o tamanho, a cor, a forma, o movimento, a localização ou o efeito surpresa.
2. Os aspectos internos do indivíduo, sobretudo as expectativas e a motivação. Tendemos a interpretar mais intensamente o que esperamos ver ou aquilo que nos interessa. Isso pode ativar a atenção involuntária, que prende a nossa atenção de forma instintiva.

Os Fenômenos mais comuns:

A exposição seletiva: só vemos e escutamos o que nos agrada.

A atenção seletiva: nos faz focar naquilo que nos interessa, descartando o resto da informação.

A defesa perceptual: apagamos do nosso campo seletivo aqueles elementos que nos ameaçam.

Existe uma relação entre ansiedade, medo e percepção.

- Ansiedade adaptativa: sua função é nos preparar para enfrentar um perigo ou uma situação ameaçadora real.
- Ansiedade patológica: surge em face de ameaças imaginárias ou supervalorizadas, quase sempre mal definidas.

O QUE EXISTE EM COMUM É O MEDO.

O Psicólogo Michael Eysenck (2017) apresenta sua teoria dos 4 fatores:

- Percepção tendenciosa de um estímulo específico: ocorre quando a ansiedade é dirigida especificamente para um objeto ou um aspecto muito preciso da realidade e cria as chamadas "fobias".
- Percepção tendenciosa do próprio corpo e das suas reações

fisiológicas: aparece quando o próprio organismo é o campo de batalha. As suas funções e respostas são vistas como um sinal de perigo. Isso leva ao "transtorno da angústia".

- Percepção tendenciosa do próprio pensamento e das ideias pessoais: neste caso, o que é percebido como um risco ou algo ameaçador é o que acontece dentro da sua mente e provoca o Transtorno Obsessivo Compulsivo (TOC).
- Percepção global distorcida: corresponde a casos em que a ansiedade é direcionada a todos os fatores listados: elementos específicos, o próprio comportamento, o corpo e a mente. Quando isso acontece, ocorre o Transtorno de Ansiedade Generalizada (TAG).
- Por que a Percepção é importante quando se fala em saúde e segurança no trabalho?

As estatísticas apontam que grande parte dos INAPTOS na Avaliação Psicossocial decorrem de dificuldades na:

HOMEOSTASE, ou seja, o sujeito acomoda-se frente aos riscos, buscando meios de sentir-se confortável e seguro para lidar com as atividades críticas de seu dia a dia. Reage com apatia diante do perigo e acredita estar no domínio da situação, adotando uma falsa crença de segurança. Não havendo medo, o sujeito se remete ao risco e, por não o perceber, não haverá reações de defesa ou necessidade de cuidado e atenção.

ESTRATÉGIAS DE COPING: torna-se um limitador importante para trabalhadores em atividades críticas quando este não apresenta capacidade de enfrentamento. Essa limitação ocorre por não se observar condições de controle emocional, ou seja, evitar reações de pânico, catatonia (ausência de movimento) ou desespero. Pode, ainda, ocorrer a ausência de resposta cognitiva quando a pessoa não sabe como resolver, não lembra das instruções recebidas em treinamento e age sem uma resposta resolutiva.

ESTRESSE: quando o esgotamento ou o desgaste físico, mental e emocional recaem sobre a qualidade de vida e a qualidade do trabalho prestado. O indivíduo perde energia, motivação e atenção, deixando sua saúde em estado precário e acarretando riscos a sua segurança no trabalho, aumentando a chances de acidente.

Cabe destacar que todos estes itens decorrem de PERCEPÇAO DOS RISCOS.

Por que a atenção é importante na percepção?

Recebemos uma multiplicidade de informações constantemente, o quc significa que não iremos absorver tudo. Sendo assim, as informações serão selecionadas de acordo com critérios subjetivos, objetivos, conscientes e inconscientes.

De acordo com a neurociência, hoje recebemos 5 vezes mais informações do que em 1986. Em 2 anos, o Google produziu um meio de acesso a informações maior que em toda a história humana.

De acordo com Daniel Levtin(2017), neurocientista e escritor, não somos multitarefas. O que ocorre é um fracionamento da atenção que desvia de resultados e prejudica a saúde. Em se tratando de segurança no trabalho, a multiplicidade de tarefas ou de focos de atenção podem ser fatores psicossociais que, se vivenciados sem condições psicológicas adequadas, podem se tornar riscos psicossociais.

Em um de seus artigos, o neurocientista canadense Daniel Levitin (2017) explica que a multitarefa cria um mecanismo neurológico de recompensa quando o cérebro muda o foco para ir em busca de novos estímulos:

> Atender o telefone, olhar alguma coisa na internet, checar o e-mail ou mandar um SMS no meio de uma tarefa qualquer são escapadas em busca de novos estímulos que acionam os mecanismos busca-novidade e busca-recompensa do cérebro, provocando uma descarga de hormônios de bem-estar. Por isso, as escapadas

são tão irresistíveis! Elas são como uma barra de chocolate zero caloria. E, assim, estabelece-se no cérebro um sistema de recompensa por realizar mil coisas, em detrimento do mecanismo que recompensa pelo esforço de nos manter focados em alguma coisa até conclui-la. (A Mente Organizada, ed. objetiva, 2017)

Figura 16

Quanto de informações sua mente é capaz de armazenar?

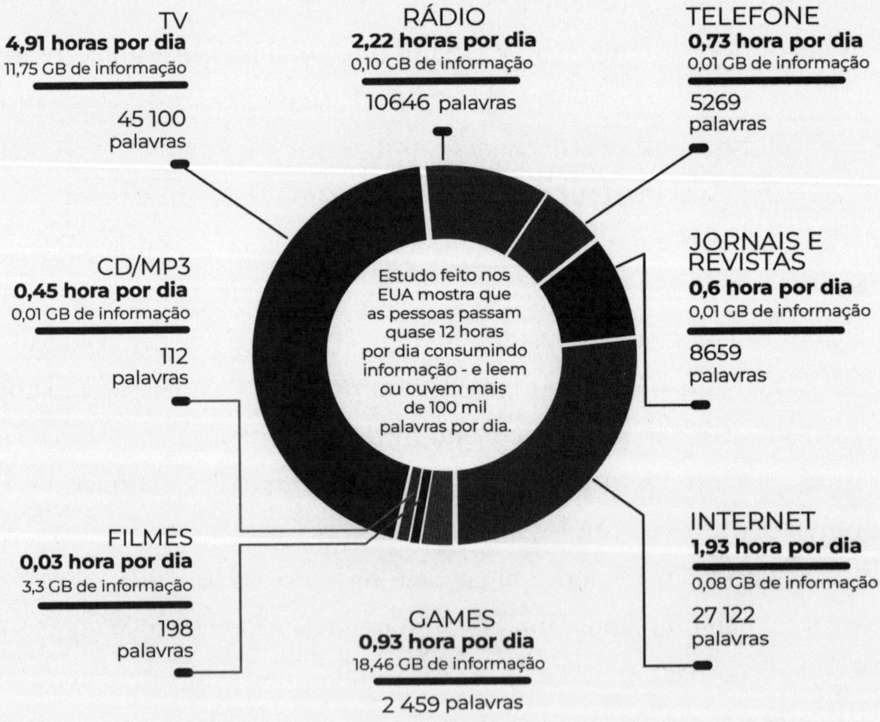

How Much Information 2009, Universidade de Berkeley. Revista Superinteressante, abril 2016.

Assim como todos os músculos do nosso corpo precisam de descanso, nosso cérebro também. Já se sabe ser uma condição para a saúde física e mental, pausas sistemáticas para a mente – seja por meio da prática de hobbies e atividades de lazer, seja de forma guiada, a partir da ioga ou da meditação.

Especialistas afirmam que o chamado ESTADO DE DIVAGAÇÃO traz de volta o estado natural do cérebro. Praticar o "devaneio" permite a restauração da saúde neural.

Alguns tipos de percepção que podemos observar no trabalhador que se expõe a riscos da atividade:

Figura 17

Quais os tipos de percepção enquanto processo cognitivo

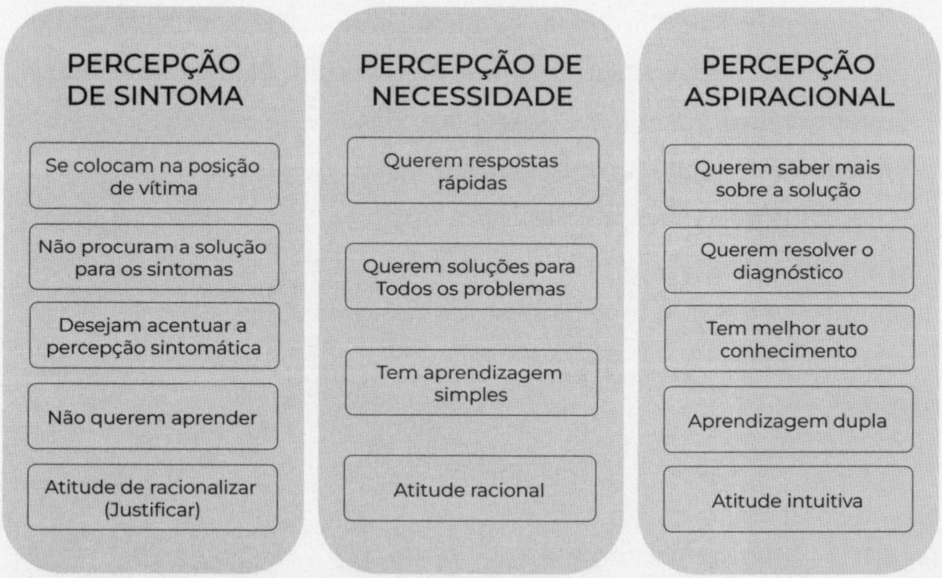

GUSHI, Eurico. Percepção de Sintomas, necessidades e Aspirações, 2010 - www.criaviva.com.br

Se focarmos em saúde e segurança no trabalho, teremos que compreender a percepção em cinco aspectos, que nos permitam entender como acidentes podem ser prevenidos e a saúde preservada:

A Percepção de si mesmo: "Autoconhecimento pode ser um projeto ético, quando o que se busca é a realização de algo que leve o sujeito a ser mestre de si e, consequentemente, um ser humano melhor." (Sociedade Brasileira de Coaching, 2022)

* Não pode haver julgamento, mas aceitação e respeito por si e seus limites.

* A Percepção de si deve resultar na autogestão, tendo em vista os resultados desejados.

* É formadora de AUTOIMAGEM.

* Implica em um processo de auto-observação, expansão da consciência, aceitação e reconhecimento de seus limites.

* Envolve conhecer nossas fraquezas, talentos, emoções e pensamentos e compreender como nossas reações acontecem.

* Dessa forma, construímos um caminho de desenvolvimento, na condição de guia, escolhendo nossas reações, e não mais na condição de guiados que são levados por influências externas.

Como se aplica à SST?

A condição de ampliar a consciência sobre si mesmo permite ao indivíduo prevenir acidentes e cuidar de sua saúde.

COMO DESENVOLVER:

*Coaching;

*Autoavaliação e autoanálise;

*Conversas com Gestor;

* Técnicas de Feedback.

A Percepção do Outro: Freud (1923) achava que o outro era percebido em função de desejos, medos e anseios, era a **projeção** de demandas do inconsciente, e isso era o que lhe dava significado.

Nesse sentido, na psicanálise, a percepção do outro é uma projeção de motivações e comportamentos inconscientes.

Em se tratando de Saúde e Segurança no Trabalho, a percepção do outro representa considerar a sua influência no relacionamento de forma a gerar prevenção de acidentes, observando como interfere no comportamento seguro.

- Ao exercer o direito de recusa (aceitação x rejeição);
- Ao trabalhar em equipe (cooperação x competição);
- Ao lidar com pessoas que julgue "difíceis" (afinidade x conflito);
- Ao dar limites ou corrigir um desempenho (abertura x distância);
- Ao informar sobre normas ou ações de segurança (escuta x bloqueio).

Como se aplica?

A percepção do outro irá determinar o quanto esta relação será promotora da saúde e da segurança do trabalhador. Nesse sentido, essa percepção poderá ser estimulada por meio de:

- Treinamentos Comportamentais: que promovam o desenvolvimento do senso de cooperação e de time.
- Coaching: individual, de modo que desenvolva habilidades relacionais e amplie o autoconhecimento.
- Rodas de Conversa: para aproximar e estimular os vínculos entre os colegas.
- Grupos de Apoio: para tratar conflitos ou eventos traumáticos.
- Reuniões de Equipe: para desenvolver caminhos comuns de construção de metas e objetivos.

A Percepção dos Riscos: ao tratar de riscos no trabalho, é preciso ter em mente os riscos presentes no ambiente (riscos físicos, químicos, biológicos, ergonômicos e acidentais) e no individuo (risco psicossocial).

Riscos Psicossociais: (sobrecarga, exigências demasiadas, pressões, relacionamentos difíceis, problemas familiares, dívidas, conflitos e tudo que possa prejudicar a saúde mental do trabalhador.)

Esses riscos interferem significativamente na capacidade do trabalhador para lidar com os riscos de sua atividade.

Para que esses riscos sejam tratados de forma preventiva, é preciso que haja antes de tudo uma clara PERCEPÇAO DOS RISCOS e, para tanto, é necessário que algumas condições sejam observadas.

Como se aplica?

A Percepção dos riscos pode "se apagar" com o passar do tempo, levando o trabalhador a um estado de acomodação, gerador de uma ideia ilusória e perigosa de que já está acostumado.

A esse fenômeno chamamos de HOMEOSTASE DO RISCO, ou seja, uma atitude de "piloto automático" na qual o trabalhador adota uma postura de desatenção e, portanto, insegura diante dos riscos.

Para trazer de volta a percepção dos riscos, as ações mais eficientes são:

- Retomada dos Treinamentos de Segurança (reciclagem);
- *Job Rotation* (troca de setor para ativação da percepção).

A Percepção do Ambiente: trata sobre a consciência clara e lúcida para a cultura e o cenário vigente, ou seja, a assimilação das informações que trazem as características e a identidade do ambiente em que está inserido. Essa percepção poderá trazer bem-estar ou mal-estar, valorização ou desvalorização, satisfação ou insatisfação. Do mesmo modo, essa percepção do ambiente será geradora de algum julgamento e, em alguma medida, trará adaptação ou não, sentimento de pertencimento ou não, aceitação ou rejeição.

A percepção do ambiente pode acarretar identificação com este, revelando sentimentos de proteção, de inserção, de motivação e de segurança psicológica.

Como se aplica?

O ambiente de trabalho poderá ser percebido como um espaço saudável e seguro ou doentio e ameaçador:

- Valoriza a saúde do trabalhador x quer produtividade a qualquer custo;
- Prioriza a segurança x prioriza a produção;
- Cuida da saúde do trabalhador x cuida antes de equipamentos;
- Protege a natureza x protege seu patrimônio;
- Segurança é um valor x segurança é apenas um setor.

Esses elementos revelam a cultura e o ambiente, se será seguro ou vulnerável a acidentes.

A Percepção da Organização: o amadurecimento do ambiente dependerá do quanto a cultura será permeável a reflexões e à revisão de seus valores para, dessa forma, ser capaz de evoluir. Para isso, é possível valer-se de:

- Campanhas sobre SST;
- Criação de políticas e estratégias voltadas à SST;
- Implantação de boas práticas em SST;
- Geração de indicadores de SST que tragam mais conhecimento sobre a realidade organizacional;
- Abordar o tema "Saúde Mental e Segurança do Trabalhador" como um assunto de todos, discutindo a temática com maior simplicidade, desmistificando e desfazendo tabus.

A Percepção de Consequências: Significa olhar para a frente, pensar em perspectiva, observar as respostas possíveis a cada ação, seja ela falha ou não.

Tabela 1

O que muda quando existe segurança psicológica

SEM SEGURANÇA PSICOLÓGICA	COM SEGURANÇA PSICOLÓGICA
Não discorda de líderes	Apresenta suas opiniões
Sente medo de assumir erros	Assume seus erros
Reluta em dizer o que pensa ou sente	Sente-se a vontade em se expressar
Busca culpados	Busca soluções
Não compartilha ideias	Compartilha ideias e sentimentos
Não fala de seus problemas pessoais	Fala livremente sobre o que se passa em sua vida
Medo de arriscar	Vê desafios no lugar de riscos

Em última análise, representa considerar a última instância de seus próprios atos, considerar as variáveis intervenientes e, assim, todos os pontos de influência nos quais o processo em andamento possa ser revertido.

Implica em um pensamento dinâmico, honesto e profundo no qual o indivíduo percebe a si mesmo, os elementos externos, intrínsecos e extrínsecos, geradores de um resultado.

Em resumo:

Figura 18

As múltiplas percepções em SST

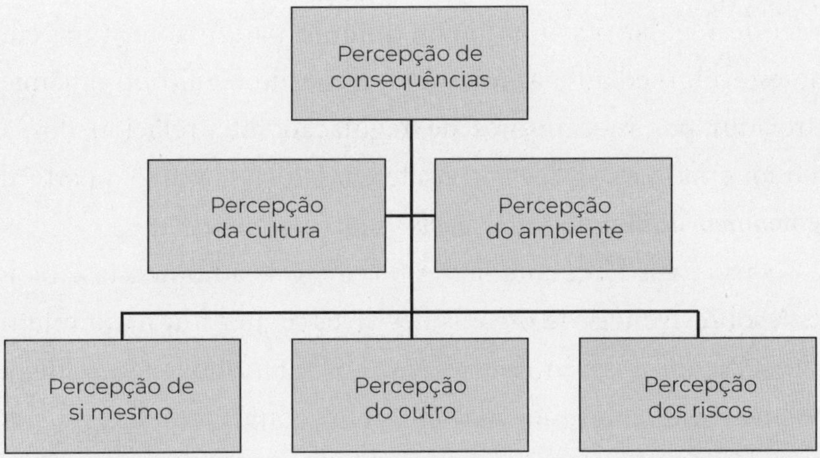

A percepção é um processo. Inicia-se pelo individuo ao perceber a si mesmo, suas reações, emoções, crenças e limites construídos a partir de um sistema de valores para, depois disso, construir uma percepção do ambiente.

Essas percepções podem ser treinadas e aprendidas de forma intencional e conduzida de maneira a permitir a autogestão.

Em se tratando de Saúde e Segurança no Trabalho, representa aspecto primordial a ser avaliado e desenvolvido no ambiente de trabalho. Os treinamentos em SST devem ir muito além dos aspectos técnicos e contemplar questões humanas.

Deve-se atentar, sobretudo, à percepção de elementos subjetivos e de seus fenômenos no comportamento humano para, somente a partir disso, alcançarmos melhores condições de saúde e de segurança no trabalho.

Homeostase

É a propriedade de um sistema aberto em seres vivos especialmente, de regular o seu ambiente interno para manter uma condição estável, mediante a múltiplos ajustes de equilíbrio dinâmico controlados por mecanismos de regulação inter-relacionados. O termo foi criado em 1932 por Walter Bradford Cannon a partir do grego *homeo* similar ou igual *stasis* estático.

O uso mais frequente do termo refere-se à homeostase biológica. A sobrevivência de organismos vivos requer um meio interno homeostático; muitos ambientalistas acreditam que esse princípio também se aplica ao meio externo. Um grande número de sistemas ecológicos, biológicos e sociais são homeostáticos, mantêm o equilíbrio contrariando qualquer mudança, e caso não sejam bem-sucedidos em repor o equilíbrio, isso pode conduzir à interrupção do funcionamento do sistema.

Sistemas complexos, por exemplo, o corpo humano, precisam de homeostase para manter a estabilidade e sobreviver. Mais do que apenas sobreviver, esses sistemas devem ter a capacidade de se adaptar ao seu ambiente externo e interno.

Propriedades da homeostase

Os sistemas homeostáticos exibem certas propriedades:

São extremamente estáveis;

Toda a sua organização interna, estrutural e funcional contribui para a manutenção do equilíbrio;

São imprevisíveis (o resultado de uma determinada ação pode mesmo ser o oposto do esperado).

Mecanismos de homeostase: feedback;

Quando ocorre a mudança de uma variável, o sistema pode reagir segundo dois tipos de feedback:

- O feedback negativo é a reação pela qual o sistema responde de modo a reverter a direção da mudança. Dando a entender e manter estáveis as variáveis, permite a manutenção da homeostase. Por exemplo, quando a concentração corporal de dióxido de carbono aumenta, os pulmões são estimulados a aumentar a sua atividade e expelir mais dióxido de carbono. A termorregulação é outro exemplo de feedback negativo. Quando a temperatura corporal sobe ou desce, receptores na pele e no hipotálamo sentem a alteração e desencadeiam uma ordem no cérebro que dá início a uma reação no sentido de gerar ou liberar calor, conforme seja o caso.

- No feedback negativo, o órgão X estimula o órgão Y, cuja função inibe ou paralisa a atividade do órgão X. Em outras palavras, o estímulo bloqueia o seu próprio "estimulador".

- No feedback positivo, a resposta amplifica a mudança da variável. Isto tem um efeito desestabilizador, o que não contribui para a homeostase. O feedback positivo é menos comum nos sistemas naturais do que o feedback negativo, mas tem as suas aplicações.

- O feedback positivo é quando um órgão y estimula um órgão x e este, a partir de produtos da sua atividade, retroestimula o órgão y, intensificando sua ação. Um mecanismo destes, isoladamente, levaria à exaustão ou ao esgotamento energético do sistema. Por isso, o feedback positivo está sempre acoplado ao feedback negativo.

Homeostase ecológica

Na sua hipótese de Gaia, James Lovelock (1979) afirma que toda a massa de matéria viva da Terra ou de qualquer outro planeta com vida funciona como um vasto organismo que ativamente modifica o seu planeta para produzir o ambiente que melhor serve as suas necessidades. Sob esse ponto de vista, o planeta inteiro mantém homeostase. Se um sistema desse tipo ocorre ou não na Terra é ainda assunto de debate. Contudo, alguns mecanismos homeostáticos relativamente simples são aceitos na generalidade. Por exemplo, quando os níveis atmosféricos de dióxido de carbono sobem, as plantas crescem mais e removem dióxido de carbono da atmosfera. Quando a luz solar é intensa e a temperatura atmosférica sobe, o fitoplâncton da superfície oceânica prolifera e produz mais dimetilo de enxofre, que age como núcleo de condensação de nuvens, conduzindo a produção de mais nuvens, o aumento do albedo do planeta e a redução da temperatura atmosférica.

Outras áreas

O termo começa a ser usado noutras áreas além das ciências biológicas. Sociólogos e psicólogos referem a *homeostase de estresse*, a tendência de uma população ou de um indivíduo para manter um certo nível de estresse, frequentemente, criando estresse artificial se o nível "natural" de estresse não for suficiente.

Em Qualidade, podemos dizer que homeostase, uma das propriedades fundamentais dos sistemas, é a propriedade que os sistemas apresentam de autorregularem o seu nível de desempenho em torno de um ponto ótimo, quando livre de interferências externas. Sua utilidade para o gerenciamento dos processos industriais consiste no tratamento das manifestações mensuráveis da homeostase, baseado na teoria da variação, formulada por Shewhart (1938).

Homeostase de Risco

Finalmente, a Homeostase do Risco é uma hipótese sobre risco, desenvolvida por Gerald JS Wilde (1982), professor emérito de

Psicologia na Universidade de Queen, Kingston, Ontário, Canadá. Essa hipótese sustenta que todo mundo tem o seu próprio nível fixo de risco aceitável. Quando esse nível de risco varia, haverá um correspondente aumento ou redução do risco em outros lugares para fazer com que o risco volte ao equilíbrio. Wilde argumenta que isso é válido mesmo para os modelos sociais em grande escala, que, devido a sua complexidade, podem ter consequências inesperadas por causa de uma pequena mudança introduzida em seu meio.

Por exemplo, imaginemos que queremos reduzir o número de acidentes de trânsito. Se alguém sugere programar nos carros o sistema de freio ABS, provavelmente, pensaremos que é uma boa ideia para evitar acidentes. Porém, um experimento demonstrou que acontece justamente o contrário.

Foi o chamado *Experimento do taxista de Munique*, realizado no final de 1980. A metade da frota de uma companhia de táxis de Munique foi equipada com o novo sistema de freios ABS, a outra metade não. Os pesquisadores descobriram que a maioria dos táxis envolvidos em acidentes eram justamente os carros equipados com ABS.

Para verificar o que ocorria, instalaram um tipo de caixa preta nos táxis que registrava toda a informação da condução. Os taxistas também podiam ter a companhia de observadores que tomavam nota de sua conduta; mas os taxistas não sabiam quem era observador e quem não o era, e os observadores não sabiam também se o táxi tinha ABS ou não.

Todos os dados sugeriam o mesmo: os motoristas mudaram rapidamente sua forma de conduzir pela presença do ABS e essa mudança acabava por completo com os benefícios proporcionados pelo novo sistema de freios. Uma vez que descobriram que a distância efetiva de freada era mais curta, começaram a conduzir colados no carro da frente, fazer mudanças de pistas mais bruscas, a conduzir mais rápido e, em geral, a ser menos cuidadosos. O novo "equipamento de segurança", longe de tornar os carros mais seguros, em realidade fez com que se tornassem mais perigosos, simplesmente, porque sua presença mudava o comportamento dos motoristas ao volante.

Em um sistema tão complexo como a sociedade em seu conjunto, a relação causa e efeito se diluem, de modo que é difícil averiguar que medidas são as apropriadas para atalhar um problema ou se realmente o problema foi atalhado por essas medidas ou por outras das quais não somos conscientes. No mundo do trânsito, ocorrem continuamente essas coisas.

Por exemplo, imaginem que queremos solucionar o problema de engarrafamentos nas avenidas de acesso a uma grande cidade. A lógica impõe que só há que construir mais estradas e *voilá*: problema solucionado. No entanto, sempre que constroem (ou alargam) novas vias, o trânsito cresce em pouco tempo (as pessoas, ao descobrirem que está mais fácil circular, simplesmente começam a usar mais o carro).

No mesmo sentido, parece que o apoio ao transporte público seja a panaceia aos engarrafamentos das vias pública. No entanto, não é exatamente assim. Mais transporte público eficiente e barato, menor número de carros nas ruas... Porém, em pouco tempo, as pessoas percebem que tendo menos carros nas ruas, aumenta a comodidade na hora de circular, atravessa-se a cidade mais rápido, gastando menos combustível e, finalmente, ir de carro é sempre melhor que ir de transporte público. Assim, logo as vias voltam ao estado de engarrafamento anterior ou, inclusive, pior.

Algo parecido pode ser dito em relação aos países que conduzem pela esquerda. Pensamos que se obrigarmos esses países a conduzir pela direita provocará toda classe de acidentes até que se acostumem. No entanto, o efeito é justamente o contrário: reduz-se consideravelmente o número de acidentes, porque as pessoas passam a dirigir com mais medo e precaução (até que se acostumam à nova forma de condução).

Figura 19

Cenas em que podemos presumir a presença da homeostase do risco no Brasil

Alguns falam em "excesso de autoconfiança". Particularmente não acredito. Autoconfiança não é algo que se possa ter em excesso, ou tem ou não tem. É como falar em "excesso de saúde". Não é possível ter excesso de saúde ou excesso de autoconfiança. O que ocorre é a crença de que nada vai acontecer e isso advém da homeostase, que, por sua vez, é causada pela falta de percepção. A cegueira ou a acomodação diante dos riscos, somada ao muito tempo de experiência, leva à minimização dos riscos e de suas consequências, mas não ao excesso de autoconfiança. A autoconfiança é uma atitude saudável e positiva, que não pode ser vivida de forma negativa ou distorcida.

Na imagem 20, podemos observar uma situação típica em nosso país: as pessoas insistindo em construir suas casas em um terreno claramente perigoso, apoiados na crença de que nada vai acontecer, de que suas casas são seguras e que não há riscos. Dessa forma, negam o perigo, não sentem medo e permitem que a homeostase se instale, trazendo a falsa segurança e a ilusão de que está tudo bem.

Homeostase na pandemia também é um exemplo de como nós, brasileiros, enfrentamos o medo, a ameaça e as inseguranças diante de situações adversas e para as quais não possuímos um padrão de comportamento. Uma das respostas mais imediatas que pudemos perceber foi a negativa em reconhecer a gravidade da situação, negando a necessidade de seguir as restrições sugeridas pela OMS e procurando meios de seguir uma rotina conhecida e, aparentemente, segura. Muitos se negaram ao uso de máscaras, outros optaram por aglomerações ilegais e clandestinas e outros simplesmente mantiveram seus hábitos, sem muitas alterações. Todos esses perfis podem ser compreendidos como sendo os chamados "negacionistas", que não percebem a realidade, fogem, negam e, assim, mantém-se em estado de homeostase e, naturalmente, expostos aos riscos de contaminação.

Estratégias de *Coping*

O conceito de *coping* tem sido descrito como o conjunto das estratégias utilizadas pelas pessoas para se adaptarem a circunstâncias adversas ou estressantes. Os modelos de *coping* de Folkman e Lazarus (1984) e de Rudolph, Denning e Weisz (1984), bem como suas diferentes posições teóricas e metodológicas são bastante encontrados na literatura ao pesquisar sobre o tema. As definições de estilos e estratégias de *coping*, sua eficácia e possíveis relações com traços de personalidade são discutidas. É salientada a necessidade de uma teoria de *stress-coping* específica para crianças, tendo em vista as mudanças cognitivas que ocorrem no curso de seu desenvolvimento. Este artigo apresenta também questões controversas sobre o tema e aponta a necessidade de pesquisas sobre *coping* no Brasil, para auxiliar na compreensão e desenvolvimento desse conceito.

O *coping* é concebido como o conjunto das estratégias utilizadas pelas pessoas para se adaptarem a situações não vividas ainda, ou não rotineiras, e para as quais o sujeito não possui um padrão de reposta ou de experiência anterior. Os esforços despendidos pelos indivíduos para lidar com situações estressantes, crônicas ou agudas têm se constituído em objeto de estudo da psicologia social, clínica e da personalidade, encontrando-se fortemente atrelado ao estudo das diferenças individuais.

Um exemplo que ilustra bem a necessidade dessa condição é o trabalho dos bombeiros. É necessário que haja controle emocional (recursos emocionais) para lidar com as tensões, medos e inseguranças do momento do enfrentamento, assim como pensar em soluções que devam ser implementadas imediatamente com vistas na resolução da situação (recursos cognitivos). O uso desses recursos, de forma combinada e com um objetivo final, representa uma estratégia de enfrentamento.

Figura 20

Situações atípicas que sobrecarregam a condição psicológica e exige uma resposta resolutiva e com controle emocional, mas sem que haja um padrão

Historicamente, três gerações de pesquisadores têm-se dedicado ao estudo do *coping*. Diferenças marcantes podem ser observadas em suas construções, tanto a nível teórico quanto a nível metodológico, decorrentes de suas filiações epistemológicas (Rudolph et al.,1996). Desde o início do século, pesquisadores vinculados à psicologia do ego têm concebido o *coping*, enquanto correlato aos mecanismos de defesa, motivado interna e inconscientemente como forma de lidar com conflitos sexuais e agressivos (Vaillant,

1994). Eventos externos e ambientais, posteriormente incluídos como possíveis desencadeadores dos processos de *coping*, foram, a exemplo dos mecanismos de defesa, categorizados hierarquicamente no sentido dos mais imaturos aos mais sofisticados e adaptativos (Tapp, 1985). Assim, para essa primeira geração de pesquisadores, o estilo de *coping* utilizado pelos indivíduos era concebido como estável, em uma hierarquia de saúde versus psicopatologia. A partir dessa perspectiva inicial, algumas distinções foram sendo feitas no sentido de diferenciar os mecanismos de defesa do *coping* propriamente dito. A principal modificação feita nesse sentido consistiu na distinção entre os comportamentos associados aos mecanismos de defesa, classificados como rígidos, inadequados com relação à realidade externa, originários de questões do passado e derivados de elementos inconscientes. Já os comportamentos associados ao *coping* foram classificados como mais flexíveis e propositais, adequados à realidade e orientados para o futuro, com derivações conscientes.

Essa abordagem tem sido bastante criticada em função das dificuldades teóricas da psicologia do ego de testar empiricamente suas concepções (Folkman & Lazarus, 1980). A partir da década de 60, estendendo-se pelas duas décadas seguintes, uma segunda geração de pesquisadores apontou para uma nova perspectiva com relação ao *coping*. Essa nova tendência buscou enfatizar os comportamentos de *coping* e seus determinantes cognitivos e situacionais (Suls et al., 1996). Pesquisadores passaram a conceitualizar *coping* como um processo transacional entre a pessoa e o ambiente, com ênfase no processo, tanto quanto em traços de personalidade (Folkman & Lazarus, 1985). Essa época foi marcada por importantes avanços na área, que geraram inúmeras publicações, em especial pelo grupo de Lazarus e Folkman (Folkman & Lazarus, 1980, 1985; Lazarus & Folkman, 1984). Mais recentemente, uma terceira geração de pesquisadores tem-se voltado para o estudo das convergências entre *coping* e personalidade. Essa tendência tem sido motivada, em parte, pelo corpo cumulativo de evidências que indicam que fatores situacionais não são capazes de explicar toda a variação nas estratégias de *coping* utilizadas pelos indivíduos. Por outro lado, o interesse despertado pela credibilidade científica dos estudos sobre traços de personalidade, em especial, o modelo dos Cinco Grandes Fatores tem ampliado os estudos nessa direção (Holahan & Moos, 1985; McCrae & Costa, 1986; O'Brien & DeLongis, 1996; Watson & Hubbard, 1996). Os traços de personalidade mais amplamente estudados, que se relacionam às estratégias de *coping*, são otimismo, rigidez, autoestima e locus de controle (Carver & Scheier, 1994).

Muitos dos artigos publicados sobre *coping* referem-se à construção de instrumentos de medida. Embora muitos anos de desenvolvimento teórico e pesquisa tenham se passado, e uma grande variedade de inventários e checklists tenham sido desenvolvidos (por exemplo, Amirkhan, 1990; Endler & Parcker, 1990; Folkman & Lazarus, 1980), não chegamos, ainda, a um entendimento compreensivo da estrutura do *coping*.

Modelos de Coping

Em uma perspectiva cognitivista, Folkman e Lazarus (1980) propõem um modelo que divide o *coping* em duas categorias funcionais: *coping* focalizado no problema e *coping* focalizado na emoção. Essa construção baseou-se em análises fatoriais que geraram dois fatores principais utilizados pelos pesquisadores para definir os dois tipos de estratégias

de *coping*. Nessa perspectiva, *coping* é definido como um conjunto de esforços, cognitivos e comportamentais, utilizados pelos indivíduos com o objetivo de lidar com demandas específicas, internas ou externas, que surgem em situações de estresse e são avaliadas como sobrecarregando ou excedendo seus recursos pessoais (Lazarus & Folkman, 1984). Essa definição implica que as estratégias de *coping* são ações deliberadas que podem ser aprendidas, usadas e descartadas. Portanto, mecanismos de defesa inconscientes e não intencionais, como negação, deslocamento e regressão, não podem ser considerados como estratégias de *coping*. Além disso, somatização, dominação e competência são vistas como resultados dos esforços de *coping* e não como estratégias (Ryan-Wenger, 1992).

O modelo de Folkman e Lazarus (1980) envolve quatro conceitos principais: (a) *coping* é um processo ou uma interação que se dá entre o indivíduo e o ambiente; (b) sua função é de administração da situação estressora ao invés de controle ou domínio dela; (c) os processos de *coping* pressupõem a noção de avaliação, ou seja, como o fenômeno é percebido, interpretado e cognitivamente representado na mente do indivíduo; (d) o processo de *coping* constitui-se em uma mobilização de esforço, por meio da qual os indivíduos irão empreender esforços cognitivos e comportamentais para administrar (reduzir, minimizar ou tolerar) as demandas internas ou externas que surgem da sua interação com o ambiente.

Portanto, é preciso que, ao perceber uma situação de grande tensão e demanda emocional, esse indivíduo consiga pensar nas soluções possíveis aprendidas nos treinamentos e é fundamental que tenha autocontrole para evitar atitudes impulsivas ou impensadas.

Essas condições de reunir todos esses recursos (pensar em soluções e controlar suas emoções) diante de emergências representam as estratégias de *coping* ou estratégias de enfrentamento.

Cabe esclarecer ainda que em relação à pandemia e suas consequências, os brasileiros em geral não possuem registro de alguma experiência semelhante e, portanto, não possuem padrões de comportamento para responder a esse tipo de situação. Por isso, não podemos esperar respostas de enfrentamento baseadas em um aprendizado prévio, por não haver recurso cognitivo suficiente. Essas respostas serão sim, caso o indivíduo consiga construir estratégias de enfrentamento, baseadas em seus recursos emocionais e comportamentais.

Autoestima – O Seu Valor Pessoal

É a forma como nos sentimos em relação a nós mesmos. Ela determina nossas reações a qualquer acontecimento do cotidiano, ou seja, o julgamento que fazemos ao nosso respeito dirige nossas vidas, conforme coloca Ana Rita Moura (1999).

A autoestima é um importante pilar de sustentação para o comportamento seguro. Espera-se que o indivíduo que reconhece seu valor pessoal também se sinta merecedor de segurança, saúde e bem-estar.

Na medida em que seu valor pessoal é vivido, esse sujeito torna-se fortalecido por ser capaz de respeitar seus limites, acreditar em sua capacidade de obter êxito em seus propósitos e aceitar a si mesmo como alguém que, mesmo dentro de seus limites, é um ser de valor e único.

Nessas condições, espera-se, ainda, que esse trabalhador seja capaz de exercer seu direito de recusa pelo fato de se saber merecedor de respeito, de segurança e de qualidade de vida.

Direito de recusa é uma Lei da Constituição Federal que atribui, ao trabalhador, o direito de se recusar a realizar um trabalho caso não se sinta em condições seguras para tal. Nesse caso, o empregador deve respeitar sua limitação e ajudá-lo a construir condições de segurança para seguir em frente com suas tarefas.

A autoestima tem dois componentes importantes: o núcleo dela é o sentimento de valor pessoal, que trata da convicção de sermos amados e valiosos do jeito que somos, independente do que fazemos. Já a segunda parte é constituída pelo sentimento de competência pessoal. Esta é construída ao longo da vida, por sabermos que somos bons em algo e nos impulsiona a completar tarefas mais desafiantes e interessantes pela satisfação em desempenhá-las.

Em situações de haver um prejuízo no desenvolvimento da primeira, o indivíduo se depara com uma consequente sensação de vazio interior, que nenhuma sensação de aprovação situacional pode preencher completamente.

Segundo Nathaniel Branden (2002), a autoestima "é o sentimento, a experiência, e a convicção de ser adequado à vida e aos seus desafios, e a nossa mente é a ferramenta básica da sobrevivência. O pilar central da autoestima saudável é a política de viver consciente de si e responsável por sua realidade."

Associando essas colocações de Branden ao mundo do trabalho, entendo que o alicerce da autoestima positiva começa pela identificação e resgate dos valores fundamentais. Como posso me sentir adequado a vida e seus desafios sem ter minha conduta alinhada aos meus mais essenciais valores? Como posso estar feliz e motivado se, para ceder às pressões e cobranças da vida diária, distancio-me do meu valor pessoal? Quantos indivíduos conseguem com clareza e convicção responder sobre seus valores? Ao ser indagado sobre seus valores, as pessoas, em geral, rapidamente respondem: minha família!!! Afinal é bonito dizer isso. É politicamente correto e socialmente aceito dizer que minha família é o meu bem mais preciso. Contudo, depois de algumas observações com trabalhadores que exercem funções de risco em espaço confinado ou em altura e vivem acintosamente os riscos psicossociais do mundo atual, pude perceber que o seu valor pessoal ou, ainda, o valor de sua vida é colocado de lado para beneficiar o sustento de suas famílias e garantir um emprego.

Pode parecer egoísta dizer que nossa vida é mais importante e, dessa forma, distanciamo-nos de nosso valor pessoal. Embora ainda não possua dados estatísticos para essa questão, arrisco afirmar que muitos dos acidentes de trabalho acontecem por perda do seu valor pessoal. O sentimento de que minha vida não tem muito valor, não me sinto importante para as pessoas que amo, não faço falta para ninguém ou, ainda, se eu me machucar, ninguém se importa, ou seja, a perda do sentimento de importância de sua vida, podem se tornar cruéis para os colaboradores, deteriorando a autoestima e levando ao acidente.

Já pude acompanhar casos em que esse cenário era bem claro. Certa vez, havia um coordenador de uma empresa petroquímica que sempre foi bastante atento às normas de segurança, competente em sua função e já com muitos anos de empresa, era um profissional reconhecido e valorizado. Porém, problemas de ordem pessoal, gerados a partir do início de um processo de divórcio, que colocou sua esposa e filhos contra ele, foram acarretando mudanças de comportamento. Seus liderados, pares e líderes passaram a observar que ele negligenciava o uso de EPIs, já não cumpria com regras básicas de funcionamento da empresa e de segurança, mas, sobretudo, chamava atenção para pequenas lesões que começavam a ocorrer dentro e fora do trabalho. Chegava de manhã para trabalhar com um olho roxo, com cortes na cabeça e machucados nas mãos. Preocupados com o colaborador, a área de RH solicita uma avaliação psicológica para buscar compreender o que se passava e como ajudar. Foi, então, que o resultado apontou para um quadro depressivo e de ideação suicida no qual o colaborador precisou ser afastado de sua função para dar início a um tratamento psicológico. Outro caso mais grave mostra a história de um mineiro que explorava ouro dentro das rochas da chapada diamantina em Jacobina na Bahia e teve a vida encerrada durante uma operação imprudente. Após uma observação mais detalhada dos riscos psicossociais, pode-se perceber que seu contexto familiar e social era tomado de situações de pressão, cobrança e agressões por parte de esposa, mãe, filhos e amigos e que o uso do álcool já era bastante frequente.

Quero com isso, chamar a atenção para a condição psicossocial e emocional dessa pessoa para estar se expondo a riscos importantes, sem a condição de avaliar a si mesmo, mas se preocupando em manter seu emprego para não ter ainda mais problemas. Alguns diriam que cabe ao gestor perceber isso e afastar o profissional do risco, mas estes mesmos gestores poderiam responder que não são psicólogos para avaliar isso. Seria, então, uma função da área de recursos humanos? Da medicina ocupacional? Ou ainda dos técnicos de segurança que acompanham e avaliam as condições para o cumprimento de um trabalho seguro? Entendo que temos uma multiplicidade de conhecimentos a considerar quando tratamos de segurança no trabalho e de risco psicossocial. Vejo a importância de complementar nossa visão, buscando entendimentos de tantas outras áreas que já vem se dedicando a esse tema muito antes da psicologia ser chamada a contribuir com a Avaliação Psicossocial.

Sabe-se que a autoestima é construída até cerca de 7 ou 8 anos de idade. Uma pesquisa recente alarmou a população de pedagogos, professores e pais, apontando que até a idade de 18 anos um jovem ouve de 65 a 130 mil informações negativas e ofensivas de pessoas importantes para ele, como os pais, professores e familiares. Se a autoestima é uma atitude que nos faz sentir merecedores de algo, como podemos nos sentir merecedores se aprendemos que não somos importantes para as pessoas que para nós são importantes?

Vejo profissionais buscando desenvolver suas carreiras sentindo-se na obrigação de tornarem-se líderes, porque aprenderam e registraram em suas mentes que crescer significa ascender verticalmente em uma empresa. Mas como ficam aqueles que não se sentem felizes comandando equipes por que tiveram sua autoestima aniquilada durante seu desenvolvimento? Alguns dizem claramente prefiro ser "cordeirinho", outros dizem "prefiro ter alguém que me diga o que fazer" e outros afirmam veementemente "não nasci para cacique". Isso significa que líder tem que ter uma autoestima positiva? Certamente. Faça a você mesmo a pergunta: quem eu admiro por sua carreira e pela pessoa que é? Ao responder, faça uma breve análise de sua autoestima. E, então, concordamos? Uma vida feliz e uma carreira dependem sim de uma estima bem alicerçada e consolidada.

Porém, é claro, como tudo é muito volátil nos seres humanos, sabemos que a autoestima não é diferente disso. Assim como tudo que existe dentro de nós: emoções, sentimentos, ideias e atitudes, a autoestima também pode passar por oscilações, ter altos e baixos e sofrer interferências externas dependendo do nível de maturidade emocional do indivíduo para lidar com adversidades e pressões. Entretanto, acima de tudo, depende da <u>consciência de si</u>, ou seja, o quanto estamos apropriados das nossas reações, o quanto entendemos nossas emoções, sabemos o que nos motiva, o que nos trava, o que me faz agir de forma indesejada ou ter reações surpreendentes. Por meio dessa consciência, podemos evitar conflitos e promover nosso bem-estar, podemos fazer escolhas inteligentes, romper padrões de comportamentos indesejados e redefinir nossa atuação diante de nossa vida.

Viver Conscientemente

"Viver conscientemente é viver de maneira responsável em relação à realidade. A consciência expandida de si mesmo e de sua realidade leva à realização de escolhas inteligentes. A independência é uma virtude da autoestima." (Nathaniel Branden, 2002)

Viver com consciência de si representa o respeito e aceitação de quem somos. Isso não significa de modo algum conformismo ou comodismo, mas sim a compreensão de minha totalidade e de minhas partes como algo único, de valor e que faz de mim alguém especial. Essa capacidade de aceitar a si mesmo, sem julgamentos ou censura, gera sentimentos de leveza e de serenidade, oriundos de um profundo amor por si mesmo, mas que em nada nos impede de seguir evoluindo em busca do simples direito e merecimento de ser alguém ainda melhor e ainda mais feliz.

Branden (2002) fala do princípio da causalidade recíproca, no qual viver conscientemente torna-se tanto causa quanto efeito da autoconfiança e do autorrespeito. Esses conceitos são abordados de forma que a aprovação ou desaprovação de terceiros se tornam irrelevantes, uma vez que a própria aprovação passa a ser prioridade. Não se trata de um afastamento social ou de negação da necessidade de ser amado e admirado, mas, muito antes disso, é preciso aceitar-se, aprovar-se e respeitar-se. Tendo essa estrutura bem estabelecida, a necessidade do outro passa a ser um complemento, algo a ser somado, e não mais uma dependência ou algum tipo de "muleta emocional".

Libertar-se de Culpas

As culpas, por si só, geram a autocondenação e ao autojulgamento. Com frequência, o indivíduo soma isso à condenação e ao julgamento de terceiros com ainda mais severidade. Esse ciclo subverte a autoestima positiva, podendo, inclusive, conduzir a atitudes autopunitivas, a afastamentos sociais e a dificuldades em todas as áreas da vida.

Para isso, é fundamental que possamos descobrir nossas qualidades e deficiências, com o propósito de podermos gerenciá-las melhor, aprimorar nossas atitudes e determinar com arte e sabedoria as experiências que vivemos. No entanto, essa tarefa não é fácil, uma vez que bloqueamos nosso desenvolvimento por quatro razões básicas:

1. Idealização: superexigência – querer ser perfeito.
2. Medo de vencer: medos ilógicos e inconscientes, mas totalmente arraigados na pessoa.
3. Conexão sucesso-catástrofe: relacionar quem obtém sucesso com alguma tragédia, essa crença é reforçada diariamente pelos meios de comunicação.
4. Não saber criar metas e estratégias para atingi-las: metas evitam desperdício de energia e as estratégias indicam os caminhos para atingi-las.

Outro fator que devemos estar atentos são os *sabotadores internos*. Precisamos identificá-los e superá-los:

- Adiar – Protelar sempre.
- Repetir – Não aprender com seus erros.
- Distrair-se – Desviar a atenção do seu objetivo.
- Complicar – Aumentar o problema para experimentar a sensação de que é grande ao resolvê-lo.
- Desanimar – A raiz da palavra desanimo é a palavra "anima", que significa alma. Alguém que desanima, portanto, é alguém que perde sua alma.
- Duvidar – "Será que vou conseguir?" "Será que vai dar certo?".

Todos nós nascemos com um potencial infinito para desenvolvermos a autoconfiança e o autorrespeito. No entanto, as informações avaliativas que recebemos de outras pessoas contribuem para que a formação dessa autoimagem se consolide ou não.

O acúmulo de culpas, sabotadores, queixas e registros negativos, que criamos ao longo da vida de pessoas importantes, vão formando tantas emoções negativas e primárias que, sem serem reconhecidas por nós mesmos, transformam-se em uma energia de julgamento e condenação destrutiva. Vamos entender como construir caminhos de autoabsolvição, ou seja, como podemos nos perdoar e retomarmos uma relação serena, saudável e satisfeita.

1. Precisamos assumir nossa responsabilidade por nosso erro ou engano. Nese momento, inicia-se um processo de autoaceitação no qual não fugimos mais de nossa realidade, mas a encaramos frente a frente, sem medos ou insegurança, a crença de que estávamos tentando acertar e o profundo desejo de aprender.
2. Logo em seguida o segundo passo: assumir explicitamente e publicamente, se for o caso, que erramos e reconhecemos as consequências por nossos erros. A atitude de humildade e de simplicidade diante de nossos atos coloca em ação esses mesmos valores, gerando a força interna necessária para esse momento de correção de rumos. Representa que você já se perdoou e, portanto, o próximo passo é o perdão do outro.
3. Por fim, corrigir nossos erros, buscar resgatar suas consequências sobrepondo a uma nova conduta que permita, se não eliminar as consequências, ao menos minimizá-las. Dessa forma, diminuímos os danos causados, o que, certamente, será gerador de um grande sentimento de orgulho por si mesmo.

"Nós não somos motivados a mudar as coisas, cuja realidade negamos. Sem uma mudança de comportamento, recriamos continuamente a desconfiança". (Nathaniel Branden, 2002)

A honestidade consiste em respeitar as diferenças entre o real e o imaginário (criado em nossa mente). Não tentar obter vantagem de uma irrealidade que poderá nos levar a resultados catastróficos contra nós mesmo. Não podemos fingir uma realidade – a fraude irá se dirigir a nós mesmos.

Viver Responsavelmente

Na medida em que sabemos ter agido corretamente, ter feito a coisa certa e adotado um comportamento absolutamente coerente e alinhado com nossos mais profundos conceitos e valores, alimentaremos nossa autoestima.

É importante termos cuidado para não confundir a culpa com um elevado nível de exigência. Alguns se dizem perfeccionistas como parte de seus aspectos negativos, mas referem isso com um sorriso no rosto, deixando claro que, na verdade, sente-se orgulhosos de ser assim e que isso é positivo e motivo de satisfação. Essa mentira contada a si mesmo paralisa o processo evolutivo e não abre espaço para a mudança, deixando a pessoa passiva e acomodada, protegida por imagem fantasiosa de si mesmo, porém confortável.

Viver com Autenticidade

Abrir os olhos para nossa própria realidade nos liberta das névoas da ilusão e abre as portas para a evolução. Não podemos recriar nossa realidade sem antes conhecê-la na totalidade, sem desapegos a padrões já obsoletos. Não mudamos o que não conhecemos muito bem. Aceitando nossa responsabilidade por nossas escolhas, nossos atos e nossos enganos, apropriamo-nos de nossas vidas e a colocamos em nossas mãos com muito mais consciência de nossa existência.

Uma boa autoestima requer congruência, o que significa que o EU interior deve estar de acordo com o que manifesto e dedico para o mundo. O impacto que geramos no outro é a melhor referência que temos de nós mesmos.

Alimentar a Autoestima do Outro

Todo o movimento ou intenção dirigida a autoestima do outro irá se voltar para a nossa autoestima também. Quando nossos comportamentos são dignos e comprometidos com o bem comum, sentimo-nos felizes por nós mesmos. Do mesmo modo, quando tentamos desfazer um padrão negativo que nos faz mal e faz mal as nossas relações, igualmente, sentimo-nos bem. Esses comportamentos alimentam nossa autoestima.

Observa-se, ainda, que sempre que nos permitimos expressar nossos melhores sentimentos pelo outro ou por nós mesmos, sem nos sentirmos ridículos e sem medo de censura ou julgamento, experimentamos um autêntico sabor de liberdade e de direito de sermos quem somos – o que nos coloca a caminho da autoaceitação. Ao percebermos que nossos melhores comportamentos colocados em prática são geradores de boas consequências, a autoaceitação torna-se ainda mais fácil.

A Questão do Egoísmo

Vejo com frequência pessoas serem julgadas como arrogantes por demonstrarem explicitamente sua satisfação consigo mesmo ou, ainda, por sentirem confiança em suas habilidades e capacidade de êxito. O paradigma hoje existente parece dizer que se lutarmos pelo que desejamos, tivermos sucesso e nos sentirmos felizes por nosso valor e capacidade, seremos, então, pessoa egoísta, porque buscou seu interesse pessoal e não cuidou dos interesses dos demais. Será isso egoísmo? Será mesmo que, dessa forma, esquecemos do coletivo? Mas por que não me fortalecer individualmente para poder contribuir com os demais?

Se você fosse indagado sobre seus valores, o que você diria? Se alguém lhe perguntar: o que é mais importante para você? Já posso imaginar que você responderia: minha família ou meus filhos ou, até mesmo, algo referente a sua fé religiosa. Mas como cuidar de nossas famílias e filhos se antes não cuidarmos de nós mesmos? O que ensinaremos a nossos filhos se deixarmos nossa realização de lado para superprotegê-los e atender a todas as suas vontades? A autoestima bem sedimentada nos ensina e encoraja a responder: A MINHA VIDA – minha vida, minha saúde e minha felicidade são as coisas mais importantes para mim. Dessa forma, podemos ensinar autoestima a nossos filhos. Demonstrando a eles a nossa luta por nosso direito de existir, ser quem somos e nos sentirmos merecedores e capaz de uma vida plena e feliz.

E se não for assim, por que existir? Se isso é ser mau ou egoísta, então como ser feliz? Que respeito teremos por nós mesmos?

Branden(2002) coloca muito bem ao dizer que:

> para ter uma vida bem-sucedida, precisamos de uma ética de auto interesse racional, até que estejamos preparados para respeitar o direito do indivíduo à sua própria vida. Até que entendamos que cada pessoa, inclusive nós mesmos, é um fim e si e não um meio para os fins dos outros, não poderemos pensar com clareza sobre nossa própria existência, ou sobre os requisitos para a felicidade humana. (Branden, 2002)

Desenvolver a autoestima é expandir a nossa capacidade de ser feliz. É um saber viver que envolve sabedoria. Quanto mais saudável a nossa autoestima, mais bem equipados estaremos para lidar com as adversidades da vida, seremos mais flexíveis e resistiremos à pressão de sucumbir ao desespero ou à derrota; maior probabilidade de sermos criativos no nosso trabalho e obter probabilidade de sucesso; mais ambiciosos tenderemos a ser em termos das experiências que esperamos vivenciar de maneira emocional, material, criativa e espiritual. Além disso, maiores serão nossas possibilidades de manter relações saudáveis; mais inclinados estaremos a tratar os outros com respeito, benevolência e boa vontade, pois não o vemos como ameaça. Por fim, quanto mais saudável for nossa autoestima, mais alegria teremos pelo simples fato de ser, de despertar pela manhã.

O estado em que a autoestima se mantém é o que a torna mais saudável ou não. A importância dela se dá em termos de que ela é o fundamento de nossa capacidade de agir ativa e positivamente sobre as oportunidades da vida.

Em resumo, para proteger nossa autoestima precisamos ser capazes de nos conhecer e reconhecer nossos padrões de comportamento. Significa a certeza de que os padrões, os quais julgamos, são verdadeiramente nossos e não meros valores repassados por outros que nos induzem a sentirmos obrigados a seguir, sem convicção, mas apenas para nos sentirmos aceitos. Nunca nos desculpar ou rejeitar nossos atos, mas assumi-los com responsabilidade e respeito.

Estresse no Trabalho

Para inserir esse conceito na compreensão do impacto do risco psicossocial no trabalho, devemos antes definir que o estresse precisa ser compreendido quanto a vulnerabilidade que o indivíduo apresenta ou quando já apresenta sintomas físicos e psicológicos. É preciso, ainda, considerar que diante das demandas da vida moderna, acostumamo-nos a certas doses de pressão e cobrança para nos sentirmos ativo diante das necessidades que surgem. Alguns verbalizam claramente que, sem uma certa dose, sentem-se apáticos e sem motivação. Outros já percebem seus limites e revelam não suportar mais sob pena de adoecer ou perder em sua qualidade produtiva. Mas como saber qual o limite do suportável? Como saber qual o limite mínimo para que haja empenho e ânimo? Qual a medida saudável e produtiva que coloca o indivíduo em busca de seus objetivos, de melhores resultados e superação de desafios?

As causas da vulnerabilidade estão no indivíduo e não no ambiente como pode parecer. O indivíduo pode vir a tornar-se vulnerável às cobranças, a pressões e a exigências de sua atividade diária, pode ser vulnerável a cultura da empresa que apresenta um ambiente e uma forma de funcionar que exige além de suas capacidades adaptativas ou pode, ainda, ser vulnerável a rotinas e à infraestrutura disponível que não estejam adequadas as suas necessidades pessoais para que possa produzir da forma que espera.

Ao avaliarmos o estresse, é importante já deixar claro que partiremos do pressuposto de que o estresse já não é mais uma variável, mas uma constante na vida de todas as pessoas – algumas em grau maior, outras nem tanto.

É fundamental que possamos compreender se o sujeito avaliado reconhece o quanto está prejudicado pelo seu estresse e o que faz para reduzir seu impacto em sua vida diária e em sua saúde. Ao avaliador, cabe mensurar em que nível de evolução está o estresse mental e emocional.

Essa compreensão permite ao avaliador analisar o quanto o avaliado está com sua saúde comprometida pelos desgastes diários, o quanto é capaz de administrar seu próprio estresse, o quanto está em condições de se conduzir diante dos riscos do trabalho.

Para observar o ciclo de formação do estresse, precisamos saber em que nível o indivíduo se encontra. Já existem danos à saúde? Compromete a qualidade do seu trabalho? Abala seus relacionamentos? Já está causando sintomas físicos acarretando doenças?

Figura 21

Ciclo acumulativo do estresse

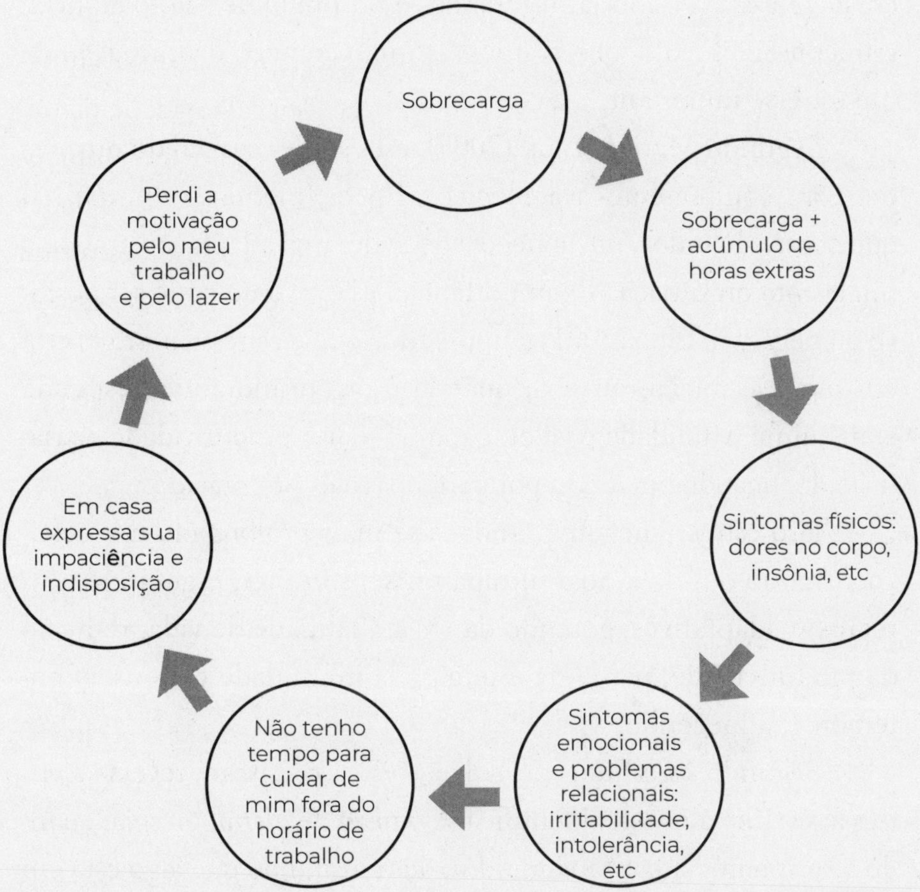

Durante a formação de nossa história e de nossa personalidade, vamos construindo experiências que definem nossos conceitos, valores e crenças. Estabelecemos o que é importante para nós, o que precisamos para estarmos motivados, o que é tolerável e o que é intolerável. Estudos têm revelado que lidar com um ambiente, um grupo ou uma circunstância que chocam com nossa escala de valores e confrontam nossas crenças e expectativas mais fundamentais geram grande desgaste emocional e psicológico, levando à perda de motivação e de qualidade produtiva. Na medida em que esse indivíduo se esforça para continuar suportando e buscando meios de adaptar-se, mesmo já mostrando-se no limite de sua tolerância, sem conseguir êxito, observamos, assim, o começo da formação de um estresse importante.

Segundo Marilda Lipp (2005), estresse é a reação do organismo com componentes psicológicos, físicos, mentais e hormonais que ocorre quando surge a necessidade de uma adaptação grande a um evento ou situação de importância. Esse evento pode ser positivo ou negativo. Lipp (2005) compreende que o estresse positivo está em sua fase inicial, ou seja, quando o organismo ainda responde com ânimo, vitalidade e vigor, gerando maior produtividade e criatividade, ficando em alerta por períodos mais prolongados.

Já o estresse negativo, mostra-se mais prolongado e excessivo, levando o indivíduo a ultrapassar seus limites, esgotando seus recursos adaptativos, gerando danos à qualidade de vida, redução da produtividade, perda de energia, da imunidade e, consequentemente, adoecendo.

Segundo os estudos de Selye (1974), o estresse revela-se em três fases: inicialmente, identifica-se o nível de *alerta*, ou seja, quando os primeiros sinais são emitidos, demonstrando que algo está em desequilíbrio e que o organismo está exposto a uma situação fora de seu padrão. Já na fase de *resistência*, o sujeito revela já ter superado o desconforto e readaptado a situação. Já a fase de *exaustão* aparece quando o sofrimento volta em níveis mais elevados, e o agente estressor se revela grave e prolongado.

Já Marilda Lipp (2005) entende que existe uma fase de quase exaustão (recentemente descoberta) em que a resistência física e emocional começa a se quebrar, na qual o indivíduo ainda consegue refletir, tomar decisões e trabalhar, porém, mediante um grande esforço. Mesmo assim, esses momentos de esforço e lucidez se intercalam com momentos de ansiedade e desconforto. A imunidade começa a diminuir e as doenças surgem.

O estresse ocupacional vem sendo amplamente estudado, porém, recentemente, motivado pela Psicologia Positiva, Nelson e Simmons (2005) propõem uma discussão acerca do que chamaram de Modelo Holístico de Estresse (figura abaixo).

Figura 22

EUSTRESSE E DISTRESSE - Como responder aos mesmos fatores estressores

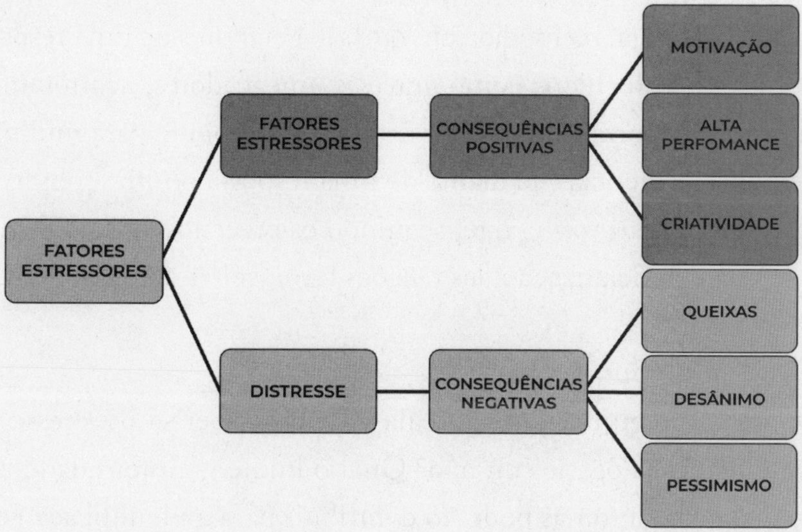

Nesse modelo, Nelson e Simmons (2011) destacam os fatores estressores que podem surgir no ambiente de trabalho e que podem ser vividos por meio das exigências físicas, das condições de trabalho, das pressões sofridas, dos relacionamentos e das cobranças.

Nesse sentido, devemos lembrar que, considerando os riscos psicossociais, ainda existe o ambiente familiar ou pessoal que também contribui com sua sobrecarga na formação do estresse. Dependendo da avaliação cognitiva feita pelo sujeito, teremos uma resposta positiva (eustresse) ou negativa (distresse) diante dos fatores percebidos e vividos como ameaçador ou desafiante. Certamente, as diferenças individuais, as características de personalidade e as experiências já vividas serão determinantes na percepção desses fatores estressores. Alguns demonstrarão maior tolerância e um limiar maior para suportar as pressões, outros nem tanto. Entre essas diferenças, podemos destacar a capacidade de otimismo, locus de controle, coragem e sentido de coerência, por exemplo.

Acrescenta-se a isso uma interessante descoberta inovadora dos autores, quando apontam que, a partir da assimilação dos fatores estressores, ou seja, na medida em que são geradores de uma resposta negativa e percebidos como graves e ameaçadores, acarretam a necessidade da formação de uma estratégia de *coping* para minimizar suas consequências. Já diante de uma resposta positiva, observa-se o processo de *savoring* que, seguindo os preceitos da psicologia, leva a uma potencialização das reações favoráveis à saúde mental.

Estresse e Burnout

Mas a pergunta que não cala é: como saber se o estresse já está em níveis patógenos ou não? Qual o limite? A intensidade e a frequência dos sintomas poderão contribuir para a identificação do quanto o indivíduo possa estar ainda em estágio inicial de desgaste ou se já está avançando e, possivelmente, aproximando-se de uma condição de transtorno.

Frequências semanal ou mensal com intensidade leve não são preocupantes. Contudo, uma intensidade média ou alta, com frequência semanal ou diária, requer mais atenção e acompanhamento médico. A consciência do avaliado sobre seu estresse e sua disposição e iniciativa em busca de ajuda também são determinantes para a compreensão final.

É importante mais uma vez lembrar que a Avaliação Psicossocial não pretende ser um psicodiagnóstico, mas, caso algum indicador de patologia se apresente, passa a ser necessário o devido encaminhamento a uma avaliação mais específica que responda por questões clínicas. Cabe lembrar que toda Avaliação Psicossocial sempre terá por fundo de plano a saúde mental e, caso algo seja percebido, deverá ser dado a devida atenção.

Porém, entendo ser importante diferenciar o *estresse* do *burnout*. O primeiro se refere a busca da adaptação a um ambiente que exige muito de nossas capacidades.

Figura 23

Como medir os níveis de estresse

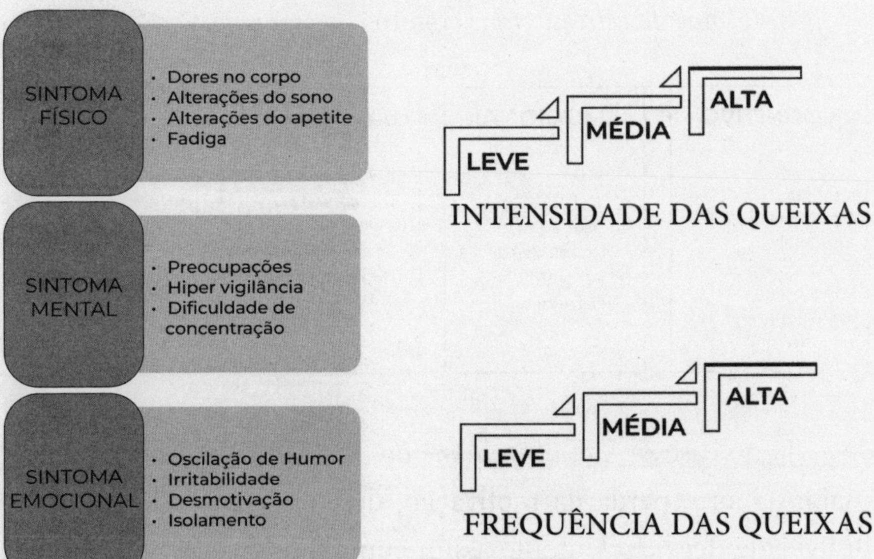

Sentimos um excesso de comprometimento, percebemos que as exigências são maiores, que precisamos buscar meios de nos adaptar, percebemos um aumento de atividades, de ansiedade e certa perda de energia. Reações emocionais acontecem e fisicamente é notório o cansaço.

Em cenário pandêmico, estamos falando de estresse físico, mental e emocional, no qual sintomas específicos se destacam em decorrência de novos hábitos e das necessidades de ajuste e adaptação. Um fenômeno que foi percebido diz respeito a uma grande busca por estudos e qualificação profissional. Cursos on-line se tornaram facilmente acessíveis a todos, que associados à busca por possibilidades e por conhecimentos, levou a uma dedicação de tempo exacerbada a qualificação profissional e a busca por esclarecimentos sobre o que estava acontecendo.

Os sintomas mais comuns e facilmente observados são:

Figura 24

Sintomas de estresse mais comuns

COGNITIVO	EMOCIONAL	COMPORTAMENTAL	SAÚDE
• Dificuldade de lembrar • Dificuldade de aprender • Dificuldade de concentração • Pensamentos negativos	• Irritabilidade • Mau Humor • Ansiedade • Dificuldades de relacionamento • Isolamento	• Hábitos nervosos • Desastrado ou negligente • Se torna violento • Deixa de ser pontual	• Ausências mais prolongadas • Afastamentos mais frequentes • Baixa no sistema imunológico

Já no caso de uma *Síndrome de Burnout* o dano emocional é maior. Ocorre perda da motivação, descomprometimento, a produtividade decai fortemente assim como a qualidade, sentimentos de desemparo, desesperança e sintomas de depressão são nítidos. Quando o estresse se estabelece, estamos buscando meios de nos adaptar a grandes exigências. É um processo consciente, desejado e conduzido pelo indivíduo. Entretanto, quando o burnout se caracteriza, temos a falta de controle desse processo, temos o adoecimento do estado psíquico e emocional e este deixa de ser consciente.

Outros aspectos que distinguem do estresse é que essa doença envolve atitudes e condutas negativas com relação aos usuários, clientes, organização e trabalho, enquanto o estresse aparece mais como um esgotamento pessoal com interferência na vida do sujeito e não necessariamente na sua relação com o trabalho.

Entre os fatores aparentemente associados ao desenvolvimento da *Síndrome de Burnout* está a pouca autonomia no desempenho profissional, problemas de relacionamento com as chefias, problemas de relacionamento com colegas ou clientes, conflito entre trabalho e família, sentimento de desqualificação e falta de cooperação da equipe.

No Brasil, segundo o decreto 3.048 de 6 de maio de 1999, que fala sobre agentes patogênicos causadores de doenças ocupacionais, a *Síndrome de Burnout* está classificada junto aos *Transtornos Mentais e do Comportamento Relacionados com o Trabalho*, manifestando-se com a sensação de estar acabado. Nesse caso, a *Síndrome de Burnout* aparece como sinônimo de ***Síndrome de Esgotamento Profissional***.

De acordo com a International Stress Management Association – ISMA – (2021), 82% dos trabalhadores entrevistados apresentam níveis elevados de ansiedade, 54% apresentam níveis de agressividade em casa por causa do estresse no trabalho e 32% apresentam distúrbios gastrointestinais também causados pelo estresse laboral.

Considerando, assim, as medidas estabelecidas entre estresse e burnout, podemos supor o quanto estas podem estar sendo causadoras de acidente, sobretudo se pensarmos nos trabalhadores ativos em altura ou espaço confinado.

Figura 25

Distinção entre estresse e Burnout

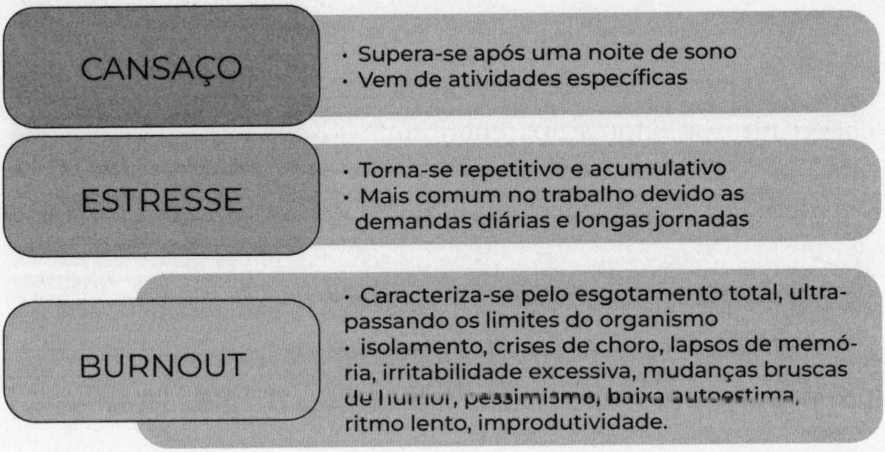

Cabe aqui concluir esse tema com algumas reflexões: o quanto o estresse pode estar sendo causador de acidentes, sem ser considerado a verdadeira causa? Do mesmo modo, o quanto o estresse é administrado pelas equipes de segurança e de saúde ocupacional como forma de prevenção dos acidentes de trabalho? Insisto na realidade que vivemos de grandes exigências, de sobrecarga nas demandas, da ausência de qualidade de vida e de pressões cada vez maiores. Refiro-me não apenas ao ambiente de trabalho, mas ao ambiente familiar também, já que ambos contribuem, de forma interdependente, para que haja uma multiplicação dos fatores estressores e suas consequências.

Inteligência Emocional

Diferente do que muitos imaginam a Inteligência Emocional (IE) *não* se trata apenas do controle de emoções, mas sim do entendimento das emoções no processo do pensamento. Lidar com as emoções de forma inteligente representa fazer uso de suas emoções para tomar decisões, ou seja, compreender suas emoções para, assim, fazer escolhas. N*ão as ignorar ou* sufocá-las como sendo algo ruim ou nocivo ao nosso comportamento.

Alguns acreditam que não devemos dar atenção as nossas emoções e que nossas reações e comportamentos devem ser construídos apenas pela condução da razão, isento de emoções. Essa ideia, além de impraticável, não seria inteligente. Conhecer e entender nossas emoções e sentimentos fazem parte de um importante processo de autoconhecimento, que permite ao indivíduo conduzir-se em seus relacionamentos. É preciso conhecer o que nos afeta e de que forma reagimos internamente diante das influências do dia a dia.

Cabe lembrar que a inteligência emocional é um recurso construído exclusivamente pela capacidade do indivíduo de lidar com suas emoções e não necessariamente depende da capacidade cognitiva.

A noção de inteligência emocional combina duas ideias: a de que as emoções podem "tornar o pensamento mais inteligente" e a de que se pode "pensar inteligentemente acerca das emoções" (Mayer & Salovey, 1997, p. 5).

Goleman (2000; 2003) tem caracterizado a IE como um conjunto de características pessoais e sociais. Segundo este autor, a IE é "a capacidade de a pessoa se motivar a si mesma e persistir, a despeito das frustrações; de controlar os impulsos e adiar a recompensa; de regular o seu próprio estado psicológico e impedir que o desânimo subjugue a faculdade de pensar; de sentir empatia e de ter esperança" (Goleman, 2003, p. 54).

Entende-se que esta possa ser avaliada por meio da investigação de cinco competências básicas:

1. Aptidões interpessoais: como o indivíduo se relaciona com as diferenças individuais, como lida com pessoas que julga difíceis de interagir, como se vincula e satisfaz suas expectativas e necessidades emocionais.
2. Aptidões intrapessoais: como administra seus impulsos, como lida com suas emoções, como controla sua agressividade e angústias.
3. Gestão do estresse: o quanto é capaz de recorrer a recursos de higiene mental que minimize os efeitos do estresse e das pressões do dia a dia, garantindo sua qualidade de vida e saúde física e mental.
4. Adaptabilidade: condição de ajustar-se e inserir-se em novos ambientes, grupos e situações ainda que se revelem adversos e incomuns a cultura do indivíduo.
5. Disposição/otimismo: este último item é o mais subjetivo de todos, pois refere-se a uma condição intrínseca ou uma predisposição à felicidade e ao bom humor. Algo sem uma explicação lógica, mas que coloca o indivíduo positivo e confiante mesmo diante de dificuldades.

Já para Siegfried Brockert e Gabriele Braun (2010) podemos avaliar o Quociente de Inteligência Emocional (QIE) por meio dos seguintes itens: habilidades interpessoais, controle e disciplina, administração do tempo, carreira, estresse, qualidade de vida, segurança, autoconfiança, resolução de problemas, empatia, autoconhecimento, autoestima, liderança, comunicação e autoafirmação.

Muitas concepções de inteligência e suas medidas incluíram, no passado e na atualidade, variáveis não cognitivas: concepções de inteligência, por exemplo, a de Inteligência Social (Thorndike & Stein 1937), de Inteligências Múltiplas (Gardner, 1983), de Inteligência Prática (Sternberg & Wagner, 1993), Inteligência Emocional (IE) (Salovey & Mayer, 1990; Bar-On, 2000; Goleman, 2003).

Enquanto alguns autores propõem teorias baseadas em competências emocionais (Salovey & Mayer, 1990), outros falam de IE como uma capacidade de adaptação social e emocional, isto é, como um conjunto abrangente de competências.

Bar-On (1997), por seu lado, define Inteligência Emocional como "um conjunto de competências e capacidades não cognitivas que influenciam o desempenho de cada um face às exigências e pressões do meio" (Bar-On, 1997, p. 14 cit por Mayer, Caruso & Salovey, 2000b).

Salovey e Mayer (1990) definiram-na como um conjunto de aptidões relacionadas com a percepção, expressão e regulação das emoções em si mesmo e nos outros, e a utilização das emoções para motivar, planear e atingir objetivos na vida.

Posteriormente, apresentaram um modelo de inteligência emocional, no qual o processamento de informações emocionais é explicado por meio de um sistema de quatro Componentes organizados em níveis: a) percepção, avaliação e expressão da emoção (Perceber Emoções); b) a emoção como facilitadora do pensamento (Facilitar o Pensamento); c) compreensão e análise de emoções e emprego do conhecimento emocional (Entender Emoções); d) controle reflexivo de emoções para promover o crescimento emocional e intelectual (Gestão de Emoções).

Porém, segundo Damásio (2005),

> ... em muitas circunstâncias da nossa vida como seres sociais, sabemos que as nossas emoções só são desencadeadas após um processo mental de avaliação que é voluntário e não automático. Em virtude da natureza da nossa experiência, há um amplo espectro de estímulos e situações que se vieram a associar aos estímulos que se encontravam inatamente selecionados para causar emoções. As reações a esse amplo espectro de estímulos e situações podem ser filtradas através de um processo de avaliação ponderada. (Damásio, 2005, p. 145).

Parece comum a todos os autores que a inteligência emocional se refere a uma forma mais sofisticada de "pensar e decidir", fazendo uso do conhecimento que cada um tem de suas emoções, ou seja, é a emoção a serviço da razão.

Trazendo esse conceito para a segurança no trabalho – fica parecendo obvio reconhecer a importância de saber lidar com nossas emoções em situações de adversidade. Começa pelo autoconhecimento, ou seja, perceber como reajo, saber como me sinto, o que me causa reações indesejadas ou, ainda, dar-se conta dos comportamentos que não possuo e preciso realizar.

Mas por que a Inteligência Emocional é importante para a Segurança Psicossocial?

Figura 26

Por que a inteligência emocional é importante para a saúde e segurança no trabalho

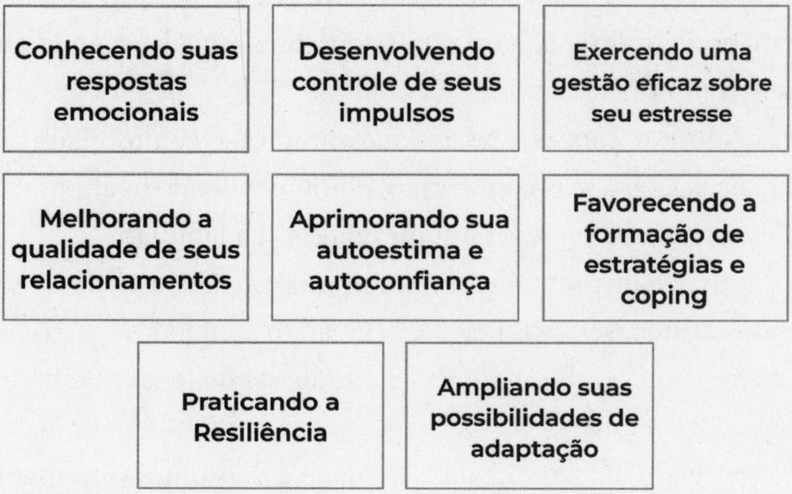

É bem verdade que raras são as empresas que treinam comportamentos seguros. Os treinamentos, em sua maioria, são desenvolvidos em torno de questões técnicas, referindo-se a normas, à identificação de riscos e ao uso adequado dos equipamentos de segurança e preventivos. Contudo, nada disso terá efeito se o comportamento não estiver alinhado. Isso passa por conhecer a si mesmo.

Sobre o Savoring

Quando a pandemia teve início e o *home office* passou a ser uma rotina, tive a oportunidade de observar a vida pela janela da minha casa. Meu marido e eu percebemos que havia uma pessoa diariamente a procurar coisas nos lixos da rua. Decidimos, então, adotá-la e ajudar de alguma forma.

Começamos com ranchos de alimentos semanais e, à medida que já estávamos voltando a sair de casa, aproximamo-nos para conversar com ela e saber mais sobre sua vida e suas necessidades. Observamos que sempre que tentávamos nos aproximar ela se afastava e ia para o outro lado da rua. Um dia resolvemos chamá-la e perguntar por que fazia isso e ela respondeu: "porque as pessoas têm medo de mim e acham que estou contaminada, porque ando mexendo nos lixos."

Insistimos para que usasse máscaras, oferecemos algumas e, assim, ela passou a se proteger mais, compreendendo os argumentos que levamos a ela: proteger a si mesma e a sua família.

Porém, o que nos chamava muito a atenção era o fato de estar sempre sorrindo, sempre alegre e brincando com todos que se aproximavam. Parecia estranhamente feliz, apesar de todas as dificuldades que obviamente vivia.

Pois bem, ela tem 35 anos de idade e dois filhos (um menino de 11 e uma menina de 14 anos que está gravida). Vive em um bairro afastado e conhecido pela alta criminalidade na cidade. Todavia, sente-se protegida desde que seu ex-marido tentou incendiar sua casa com ela e seus filhos dentro. Os líderes de seu bairro o expulsaram e, desde então, ela e seus filhos são guardados por todos.

Ela relata ter vivido duas gravidezes de risco e seus filhos terem nascido bastante prematuros e, ainda, correndo risco de não sobreviverem. Ficou em coma por 4 meses e, hoje, diz que sua maior motivação em viver é seu amor por seus filhos.

Atualmente, trabalha recolhendo materiais recicláveis diariamente. Afirma que sempre fala com Deus e sente capaz de trabalhar, sem depender de ninguém. Diz que o maior aprendizado que seus pais deixaram foi de ser honesta – "o que é dos outros é dos outros."

Valoriza a humildade, o respeito pelos mais velhos e jamais

roubar, por mais fome que tenha. Estimula seus filhos a estudarem para pensar em uma vida melhor que a que possuem.

Afirma que a maior tristeza que viveu foi quando sua ex-sogra tentou tirar a guarda de seus filhos por meio do conselho tutelar. Entretanto, felizmente, não conseguiu por ter provado que trabalha e que garante o sustento dos dois.

Considera-se uma pessoa feliz. Vive com alegria, tem amigos e alguns parentes que a ajudam no que podem. Se vê como uma pessoa sorridente, de bem com a vida, que superou muita coisa e sabe que seus filhos estão bem.

Figura 27

O Savoring é uma habilidade emocional e psicológica e pode ser aprendida por todos

Imagens publicadas com autorização, sem permissão de reprodução.

Isso é uma representação viva do *savoring*. Uma pessoa sem muitos recursos cognitivos, porém com grande capacidade de resiliência, de otimismo frente a vida, com esperança em seu futuro e no futuro de seus filhos, capaz de praticar o perdão, a gratidão e expressar emoções positivas, ainda que sua vida seja difícil e árdua.

De forma a compreender melhor a estrutura do modelo de *savoring*, uma vez que não foi fácil encontrar na língua portuguesa uma palavra que traduza na globalidade este conceito, começamos por defini-lo de acordo com o proposto por Bryant e Veroff (2007).

Para estes autores, o *savoring* diz respeito ao processo por meio do qual as pessoas promovem, apreciam e potenciam as experiências positivas. Esse processo engloba, também, a natureza dinâmica interativa e transacional das emoções positivas, assim como a interação entre a pessoa e o seu ambiente. Por último, o conceito de *savoring* diz respeito a experiências sensoriais, mas também a associações cognitivas mais complexas. Ainda segundo Bryant e Veroff (2007), a palavra *savoring* vem do Latim "sapere", que significa conhecer. Dessa forma, *savoring* é uma forma de conhecimento, mais especificamente o conhecimento que se adquire sobre os acontecimentos positivos da vida.

Em resumo, Bryant e Veroff (2007) definem o conceito de *savoring* como: "(...)um processo que vai para além da experiência do prazer e que engloba um nível de consciência elevado ou discernimento reflexivo ao nível individual...".

Dessa forma, o *savoring* pode ser considerado como uma forma cognitiva de regular emoções, utilizada para manter e prolongar as experiências emocionais positivas.

No sentido de clarificar o conceito de *savoring*, importa distingui-lo, de forma breve, de dois conceitos próximos: prazer e fluição (*flow*). Relativamente ao prazer, Csikszentmihalyi (2002) refere que se pode experimentar prazer sem investir nenhuma energia psíquica, enquanto desfrutar (*savor*) só acontece em consequência de um investimento de atenção.

É impossível desfrutar de uma experiência se a atenção não estiver totalmente concentrada nessa atividade. No que diz respeito à experiência de fluxo (*flow*), Csikszentmihalyi (2002) descreve-a:

> ...como a sensação de que as capacidades das pessoas se adequam aos desafios, num sistema de ação dirigido a um objetivo e regido por normas que fornecem pistas claras sobre o nosso nível de atuação. A concentração é tão intensa que não sobre atenção para pensamentos irrelevantes ou preocupações. Desaparece a consciência de nós próprios e a sensação de tempo fica destorcida. (Csikszentmihalyi, 2002)

Assim, comparada com a experiência de desfrutar (*savoring*), a atividade de fluxo implica menos atenção consciente em relação à experiência. No sentido de compreender melhor a estrutura desse modelo, passamos a apresentar as suas dimensões conceptuais e os pressupostos gerais que lhes estão subjacentes. É de salientar, ainda, que o modelo de *savoring* é exploratório pelo que as suas bases empíricas são, por vezes, incipientes para sustentar algumas das suas ideias. Assim, aquelas que são sustentadas em estudos empíricos serão sempre referenciadas.

O modelo conceitual do *savoring*, proposto por Bryant e Veroff (2007), equaciona três conceitos importantes: as experiências de *savoring*, os processos de *savoring* e as estratégias de *savoring*.

A um nível mais amplo, as experiências de *savoring* representam a totalidade das sensações, percepções, pensamentos, comportamentos e emoções de um indivíduo quando está desperto e aprecia um estímulo, um resultado ou acontecimento, em conjunto com as características ambientais e situacionais que o envolvem. Em um nível intermédio, o processo de *savoring* diz respeito a uma sequência de operações mentais ou físicas, que ocorrem ao longo do tempo e que transformam um estímulo positivo, resultado ou acontecimento, em sentimentos positivos aos quais a pessoa dá atenção e dos quais desfruta. A um nível mais micro, as respostas ou estratégias de *savoring* dizem respeito aos comportamentos ou pensamentos concretos que uma pessoa adota perante um estímulo ou experiência positiva, constituindo-se como as componentes operacionais desse processo. Essas respostas cognitivas ou comportamentais moderam o impacto dos acontecimentos positivos nas emoções positivas,

Esses autores acrescentam, ainda, a noção de capacidade para desfrutar (*savor*), ou seja, ser capaz de dar atenção, apreciar e promover as experiências positivas.

Para além desses conceitos, os autores consideram que a ocorrência dos processos de *savoring* assenta em três pressupostos fundamentais: a existência de uma atenção consciente e centrada na experiência, e não apenas a experiência hedónica do prazer ou as várias gratificações do ego; um sentido do imediato, de alguma coisa que acontece aqui e agora; a libertação das necessidades sociais e de estima (como motivações e preocupações maiores).

Gosto de ilustrar esse conceito observando o comportamento e as atitudes de uma moradora de rua que encontro diariamente próximo a minha casa. Ela se alimenta e sobrevive do lixo que arrecada nas lixeiras públicas. Tem duas filhas e seu marido também é catador de lixo. A primeira vez que me aproximei dela percebi que se assustou e logo disse que as pessoas não chegam perto dela porque sentem medo. Eu e meu marido resolvemos adotá-la e fornecer alimentos, roupas e tudo que pudéssemos arrecadar para ajudá-la. Assim, passamos a encontrá-la diariamente e percebemos que, invariavelmente, mostra-se sempre sorridente, positiva e esperançosa por dias melhoras. Valoriza e reconhece tudo que de importante e positivo encontra em seu dia a dia. Em exemplo vivo de *savoring*!!

Os Processos de Savoring

No que diz respeito aos processos de *savoring*, Bryant e Veroff (2007) referem que é necessária a existência de um tipo específico de consciência, identificada a partir das capacidades individuais para recontar a experiência positiva que foi desfrutada.

Bryant e Veroff (2007) definiram quatro processos de *savoring*: agradecimento, admiração, deleitamento e encantamento. Essa definição tem por base o tipo de reflexão que uma pessoa faz sobre a experiência positiva: reflexão cognitiva e absorção experiencial. A estas associam-se dois tipos de experiências de *savoring*, respectivamente aquelas que envolvem a elaboração mental e aquelas que se centram no comportamento sem reflexão cognitiva. No entanto, qualquer que seja o tipo de experiência, o processo de *savoring* exige sempre uma metacognição relativamente aos sentimentos positivos (Nelson, 1992, como citado em Bryant e Veroff, 2007).

Cruzando os tipos de processos de *savoring* com as duas formas de atenção relativamente às experiências positivas, obtém-se o modelo de *savoring*.

Os processos de *savoring*, que dizem respeito ao agradecimento *(thanksgiving)* e ao deleitamento *(basking)*, envolvem principalmente a reflexão cognitiva. Os processos de admiração *(marveling)* e encantamento *(luxuriating)* envolvem a absorção experiencial. O centro da atenção é centrado no *self* para o agradecimento e para a admiração e é centrado no mundo para o deleitamento *(basking)* e para o encantamento *(luxuriating)*. Associada a essa classificação, estão quatro estados emocionais positivos (gratidão, surpresa, orgulho e prazer físico).

Por último, esses quatros processos de *savoring* diferem ao nível da facilidade com que se conseguem manter ao longo do tempo. Dessa forma, é mais fácil prolongar a reflexão cognitiva do que a absorção experiencial, devido à habituação física. O tempo em que ocorre a experiência afetiva em relação aos estímulos positivos também varia ao longo dos quatro processos de *savoring*. Dessa forma, a admiração e o encantamento *(luxuriating)* estão centrados no presente e nos estímulos positivos ou no momento da ocorrência de um acontecimento. Enquanto o agradecimento e o deleitamento *(basking)* ocorrem depois de um acontecimento positivo.

Lócus de Controle

O lócus controle é um constructo vinculado à Teoria da Aprendizagem Social (Rotter, 1966), refere-se às expectativas de controle que os indivíduos mantêm sobre os acontecimentos da vida diária.

Os indivíduos cuja orientação do lócus é interna acreditam poder exercer algum controle sobre esses acontecimentos; indivíduos cuja orientação é externa atribuem o controle sobre esses acontecimentos aos fatos externos – pessoas, entidades, destino, acaso ou sorte (Rotter, 1966, 1975, 1990).

Rotter menciona que o grau em que um indivíduo crê que sua vida se encontra sob seu próprio controle ou sob o controle dos outros constitui uma dimensão importante da variabilidade individual. A pessoa que acredita ser responsável por seu destino possui lócus de controle interno, enquanto o indivíduo que crê que o bom e o ruim que lhe aconteça está determinado pelo acaso, pela sorte ou pelo poder dos demais está orientado, fundamentalmente, por um lócus de controle externo.

Controle é a habilidade percebida para alterar significativamente os eventos. Isto significa dizer que não é necessário que as pessoas exerçam realmente controle sobre os eventos relevantes, mas que percebam esse controle. A percepção de controle é o principal determinante da resposta do sujeito. (Burger, 1989).

Dessa forma, o conceito de lócus de controle apresenta-se como teoria de aprendizagem social que entende o comportamento humano como adquirido por meio de experiências sociais, e, por meio dessa aprendizagem, os indivíduos adquirem a percepção sobre os acontecimentos para explicar os motivos e o porquê dos fatos que ocorrem em suas vidas.

O Lócus de Controle é abordado como uma forma para explicar diferenças na personalidade, quanto às crenças que as pessoas possuem sobre a fonte de reforço, se ele advém do seu próprio comportamento ou por forças externas.

É possível que um indivíduo apresente internalidade em um domínio particular, por exemplo, no trabalho, mas atribua aos fatores externos à qualidade da sua saúde. Em virtude dessa especificidade, é desejável que a avaliação seja feita também em termos específicos, particularmente, quando o objetivo envolve o delineamento de programas de intervenção e modificação do comportamento.

Aplicação da teoria e impacto no comportamento e no resultado:

A Psicologia do consumidor tem investigado a orientação de controle que os sujeitos têm, mostrando que os consumidores com orientação interna confiam em seu próprio conhecimento para avaliar novos produtos. Os consumidores com orientação externa dependem do conselho de pessoas externas para que lhes guiem na escolha de algum produto (Shiffman & Kanuk, 1977).

Por meio de várias investigações, alguns autores têm encontrado que possuir um Lócus de Controle Interno (L.C.I.) relaciona-se com alguns aspectos positivos da personalidade do indivíduo. As pessoas com um L.C.I. inclinam-se a solucionar problemas para reduzir o estresse (Anderson, 1977); tratam de melhorar sua vida, são mais persistentes, têm elevado autoconceito e sensações de domínio do ambiente (Valderrama et al., 1998); valorizam mais êxito e rechaçam mais o fracasso, quando os atribuem a si mesmos (Dela Coleta, 1990); e têm maior necessidade de êxito (Andrade & Reyes, 1996).

Lefcourt (1991) e Rotter (1966) relatam que os indivíduos com L.C.I estão mais dependentes da informação relacionada a sua conduta futura; objetivam aumentar suas condições ambientais; atendem mais às habilidades e a destrezas de êxitos, estão mais preocupados por seus fracassos ou erros; resistem mais às manipulações exteriores e têm aprendizagem mais intencional, alto grau de funcionamento acadêmico e atividades mais positivas de êxito. Ou seja, indivíduos com L.C.I. estão mais atentos diante dos aspectos de seu ambiente que lhes proporcionam informação relevante para sua conduta futura e fazem mais esforços para melhorar sua situação.

A internalidade está associada com maiores índices de adaptação, satisfação e envolvimento nas atividades do que a externalidade. Além disso, os indivíduos "internos" têm mais motivação para o êxito do que os externos (Sánchez,1990).

Um aspecto associado com o L.C.E que não se deve excluir é o processo de incapacidade aprendida, que se dá quando o sujeito identifica sua ausência de controle sobre certas situações cotidianas, atribui o controle a forças externas e apresenta depressão. Supõe-se que a maior falta de controle causa maior atribuição externa e, por conseguinte, maior depressão. Do mesmo modo, essa teoria postula que a expectativa de que uma consequência ou resposta seja independente do comportamento diminui a motivação para controlar a consequência. Isso interfere na aprendizagem da conduta que poderá controlar a consequência ou resposta. Se a consequência é traumática, produz temor devido à percepção de falta de controle das consequências, o que, por sua vez, produz depressão. (Seligman, 1977).

Os sujeitos controlados externamente têm mais problemas para criar relações adequadas. Uma vez que não acreditam que a informação interpessoal tenha um papel importante nas relações com os outros, veem a sorte, a oportunidade, o destino, a fatalidade e o poder de outros como determinantes de seus resultados. (Nowicki & Digirolamo, 1989).

Robbins (1996) assinala que os indivíduos com inclinação de controle externo estão menos satisfeitos, faltam mais, envolvem-se menos com seu trabalho, percebem-se com pouco controle sobre os resultados organizacionais importantes. Ademais, são mais condescendentes e dispostos a seguir instruções.

Assim, tudo relacionado ao Locus de Controle Externo tem efeito sobre motivação, cognição e emoção. Impacta na motivação pelo retardo no início de respostas voluntárias e se revela na passividade, na lentidão intelectual e na inadequação das relações sociais. Na cognição, caracteriza-se pela dificuldade de aprender que as respostas produzem resultados, manifestando-se na incapacidade de perceber contingências entre resposta e reforço. O impacto na emoção é devido à aprendizagem de que as consequências são independentes do responder e apresenta-se na diminuição efetiva da agressão e da competência.

Segundo Triandis (1994), a evidência empírica sobre externalidade – internalidade – foi obtida como uma cultura tipo individualista, em que a internalidade tem maior sentido e aceitação social. Em segundo lugar, os estudos mostram que a externalidade constitui um núcleo de crenças sobre a lógica dos fenômenos que integra e sintetiza as relações de poder e a organização da sociedade como grupos de referência e pertença.

Para Triandis (1994), é possível que, nas culturas coletivistas, a externalidade sirva para construir um modelo sólido de atitudes, para manter a união e a harmonia entre os grupos sociais. Em uma sociedade individualista, pelo contrário, isso é visto como um aspecto negativo, mesmo quando desconhecemos seu funcionamento em contextos coletivistas.

Tendo em vista essas características buscou-se identificar características de locus de controle de acordo com sua função e seu papel profissional. Para Rotter (1966), essa tendência manifesta-se nas expectativas individuais de alcançar resultados desejados no futuro e está relacionada ao comportamento, na medida em que esses resultados são percebidos como relevantes para o sujeito e como prováveis de ocorrer.

CAPÍTULO 4

O Determinante Cultural

Por que empresas não podem ser divertidas?
Raj Sisodia

Uma liderança nasce da cultura de sua organização. Valores, crenças, conceitos e paradigmas definem a forma de influenciar as pessoas. As empresas multinacionais trazem sem si, a cultura de seu país de origem – empresas americanas evidenciam foco em resultados e produtividade, por exemplo.

Existem, ainda, aquelas que preconizam valores e conceitos em seu discurso, mas na prática revelam outra realidade, criando um descompasso entre o que se fala e o que se faz. Em muitos casos, isso pode ser gerador de conflitos e, até mesmo, prejudicial ao clima organizacional.

Contudo, vamos falar especificamente de saúde e segurança no trabalho. O que vem sendo feito nesse sentido pelos líderes e pelas empresas? De que forma a cultura se revela e de que maneira isso se projeta na realidade das pessoas?

Uma questão é fato – falar de saúde mental é um tabu, seja no trabalho ou fora dele. Pode-se observar um certo constrangimento das pessoas em expressar seus sentimentos e emoções por medo de serem julgadas, mal compreendidas ou taxadas de loucas, preguiçosas ou incapazes. Saúde mental ainda é entendido e vivido como se dificuldades na saúde mental representasse uma incapacidade de se manter lúcido e, portanto, mais conhecido como insano ou louco. É claro que tudo isso apenas revela uma grande falta de informação sobre o tema, abrindo espaço para distorções e preconceitos. Ao mesmo tempo, tudo que é mal compreendido ou percebido como falha não poderá ser resolvido ou prevenido. A desinformação gera desinteresse que, por sua vez, impede qualquer iniciativa para resolver ou minimizar seus efeitos.

Este seria o papel dos indicadores – trazer clareza, discernimento e lucidez sobre o tema para que possa ser tratado, resolvido e prevenido sempre, evitando tantos prejuízos às vidas das pessoas e às empresas.

Nossos líderes atuais, foram formados e treinados para dar foco na produtividade e nos resultados. A compreensão de que as pessoas são o "meio" mais importante para a obtenção de resultados levou à discussão sobre como realizar a "gestão de pessoas" com foco em resultados.

Entretanto, o que parece ainda estar para ser descoberto é que pessoas só podem produzir com qualidade, caso haja saúde física e mental. Essa questão que trata da saúde mental ainda assusta e gera estranheza por parte das lideranças, que, por sua vez, preferem ignorar o assunto.

Acredito que vale uma breve reflexão sobre como chegamos a este momento. Sugiro começar pela revolução industrial que aconteceu nos séculos XVIII e XIX na Europa. Na época, as pessoas produziam artesanalmente o que precisavam para sua sobrevivência. Produziam apenas para si mesmos, havendo domínio de todo processo produtivo.

A Inglaterra, por haver uma rica burguesia, por estar em uma localização privilegiada junto ao mar e por possuir uma ampla zona de livre comércio na Europa, deu início a manufatura de alguns processos e a comercialização de alguns produtos, sendo assim, a precursora da Revolução Industrial.

Rapidamente, já tínhamos mulheres e crianças trabalhando para se sustentarem, e homens sendo sobrecarregados com jornadas de 15hs de trabalho diário em troca de um salário baixíssimo. Assim, o trabalho manual foi gradualmente sendo desvalorizado, dando lugar às máquinas e à produção em grande escala.

Na sede por mais lucro, o ambiente físico foi se tornando menos adequado as necessidades humanas e, portanto, insalubre. A possibilidade de produzir mais com menos erros trouxe aos empresários a expectativa de mais lucro e, dessa forma, mais pressão passou a ser exercida sobre os trabalhadores. Entre o trabalhador braçal e o empresário surge a figura do chefe, que tinha seu emprego sustentado no desafio de extrair a maior produtividade possível, mas com o mínimo de custos, ou seja, pressionando continuamente o trabalhador.

Os primeiros movimentos de revolta aconteceram em reivindicação a melhores condições de trabalho. Esse movimento aconteceu a partir da sabotagem das máquinas, o que significa produzir de forma mais lenta e menos qualificada. A esse movimento deu-se o nome de "os quebradores de máquinas". Nesse momento, tem início as primeiras notícias do conflito capital x trabalho. Esse impasse passou a caracterizar a relação entre empregado x empregador na qual parece que os interesses são divergentes e talvez até incompatíveis.

Assim sendo, já se pode compreender como surgiu o tradicionalmente conhecido "chefe", ou seja, aquela figura mandatária, que exercia seu poder de forma direcionada ao resultado desejado, acreditando que, assim, estaria desempenhando-se com êxito. Estes passavam a assumir o papel de porta voz dos empresários para atender as suas ambições.

Logo em seguida, ou seja, entre 1860 e 1900, Alemanha, França, Rússia e Itália também se industrializaram. Surge a indústria do aço, dos motores a explosão, dos combustíveis derivados de petróleo, produtos químicos e locomotiva a vapor. Tudo isso agilizando, dinamizando e acelerando o mundo do trabalho, a geração de lucro, a inovação e o foco em desenvolvimento das economias.

No Brasil, o reflexo disso tudo se deu por volta de 1930 e 1950, coincidindo com a Revolução de 30 da Era Getúlio Vargas. Nessa época, a mão de obra imigrante dominava no Brasil. O presidente em exercício adota uma política industrializante, investindo na infraestrutura, atendendo ao êxodo rural (causado pela decadência cafeeira) e empregando mais brasileiros. Todo esse incremento aconteceu em paralelo com a 2ª Guerra Mundial, tornando o Brasil menos dependente das importações, gerando mais empregos, diminuição dos custos e barateamentos dos produtos, avanço nas áreas de transporte, iluminação, infraestrutura e, sobretudo, uma melhor organização dos trabalhadores da indústria e surgimentos dos sindicatos que passaram a lutar por melhores condições de trabalho, de direitos e de salários mais justos.

As dificuldades na gestão das pessoas, que já existiam, passaram a ser tratadas com mais diálogo, de forma mais diplomática e em busca de soluções moderadas que atendessem a todos os interesses. Em torno da década de 50, os setores de recursos humanos, chamados na época de "Relações Industriais", tinham a intenção de promover uma melhor relação entre empregador e empregado. O empregador buscava no trabalhador uma fonte de produção que agregasse valor ao seu negócio e promovesse os resultados desejados. Já o empregado esperava que o empregador atendesse as suas expectativas de carreira e de salário, promovendo sua qualidade de vida e segurança em sua vida pessoal. Nessa ocasião, já se podia perceber a expectativa do trabalhador de ter não apenas suas necessidades salariais atendidas, mas suas ambições de carreira e de desenvolvimento profissional. O empregador precisava de pessoas para produzir, mas as pessoas precisavam das carreiras para se sentirem realizadas.

A conhecida pirâmide Maslow passava a ser escalada por todos que desejam construir suas carreiras em uma empresa próspera e sólida. Já não bastava atender as necessidades básicas e de segurança por meio de um emprego seguro, com bom salário, ter saúde e bens materiais. As necessidades psicológicas e de realização passavam a estar em pauta (figura 28).

Figura 28

Pirâmide Maslow

http://www.dicasdeescrita.com.br, 2015.

Voltamos, assim, a figura do Chefe que precisa passar a ser líder, se quiser atender as demandas de seus colaboradores. Logo após o surgimento dos setores de recursos humanos, já se tem notícia dos primeiros treinamentos comportamentais e de programas para o desenvolvimento humano. Já não bastava apenas focar em resultados. Isso não seria eficiente, se quisessem produzir mais e melhor. As necessidades humanas estavam presentes e eram muito claras – caso não fossem atendidas, os resultados não seriam qualificados.

Atualmente, vivemos a 3ª fase de Revolução Industrial – a fase tecnológica caracterizada pela revolução técnico-científica. A industrialização já se espalhou pelo mundo e mostra-se como um caminho sem volta. Os principais marcos dessa revolução são os avanços nas telecomunicações, a robótica, a genética humana, a eletrônica, os transportes e a infraestrutura. Essa revolução traz mudanças ao estilo de vida de todos, não apenas no trabalho, mas em todas as áreas. Tudo se torna mais perto e mais rápido. A equação tempo x distância ganha outro significado, e o ritmo de vida acelera grandemente!

As crescentes expectativas do trabalhador somadas às demandas do trabalho foram gerando outros prejuízos, não percebidos e não avaliados por ambas as partes.

Até o início desse século, as demandas das áreas de RH eram voltadas para desenvolver comportamentos necessários a uma melhor performance na função e consequente otimização dos resultados. Do mesmo, tornou-se bastante comum os treinamentos em relações humanas no trabalho. A competição passou a ser uma das características de personalidade exigidas e esperadas pelos profissionais contratados. Passou-se a falar nas competências comportamentais como parte do perfil dos cargos. Já não bastavam currículos ostentando cursos e experiências em grandes empresas, mas sem a capacidade de relacionar-se e lidar consigo mesma diante de adversidades. Era preciso avaliar comportamentos e habilidades para que fosse possível prevenir problemas futuros e a rotatividade que já preocupava bastante.

A Gestão por Competência abriu espaço para que as Avaliações Psicológicas e os testes psicológicos passassem a ser uma prática comum nos processos seletivos. A escolha dos novos colaboradores passou a ser incumbência, principalmente, dos líderes de setor, que se tornaram responsáveis por decidir quem contratar. Até então, tudo era feito exclusivamente pelo RH – contratar e demitir.

Para contratar e demitir, era preciso saber como decifrar as pessoas. Era preciso desvendar como o perfil pessoal interferiria no perfil laboral e na capacidade produtiva.

Assim, a corrida por treinamento de comportamentos, cursos sobre liderança, modelo de líderes que dão certo e conceitos de todos os lados inspirados por grandes figuras da história foram trazendo *best sellers* para orientar os antigos "chefes" a se tornarem "líderes servidores".

Porém, hoje, muito mais que entender comportamentos e competências, os líderes precisam agir preventivamente diante das inúmeras doenças mentais e dos danos à saúde mental que a 3ª Revolução Industrial vem causando.

Os dados atuais apontam para um aumento assustador dos transtornos comportamentais e saúde mental no mundo todo. Estes já representam a 3ª principal causa dos afastamentos. Foram 9 mil afastamentos em 2017, segundo a Secretaria da Previdência (2017). A Depressão é a principal causa dos pagamentos de auxílio-doença. Ainda devemos considerar a possibilidade desses números serem bem maiores, visto que esses casos muitas vezes são subnotificados em razão do preconceito, da discriminação e da preocupação das pessoas de não se exporem, segundo o professor Anderson Sant'Anna (2021), especialista em comportamento organizacional da Fundação Dom Cabral.

As razões para as subnotificações são várias. Uma delas se refere ao mito da felicidade, que trata de uma condição ideal imposta a todos e expressas pelas redes sociais, no qual todos refletem a necessidade de se mostrarem felizes e realizados. Outra razão refere-se ao modelo de gestão, que espera que as pessoas demonstrem motivação e força suficientes para atingir metas e alcançar excelência e, assim, jamais adoecer. Então, de modo geral, mostrar-se saudável e feliz parece ter se tornado a grande expectativa depositada nas pessoas em geral. Apresentar algo diferente disso pode ser razão de uma certa marginalização e, portanto, rejeição social.

Para completar esse quadro, a OMS aponta como importante fator de risco o Bullying e os Assédios (moral e sexual), que atacam diretamente a saúde psicológica.

A partir desse ponto, já estamos falando de emoções e não mais de comportamentos. No momento em que admitimos que precisamos compreender o que gera determinados comportamentos, como o de assédio e bullying, estamos, então, precisando ir além da gestão das pessoas, precisamos pensar na gestão das emoções. Entretanto, isso parece muito complicado e complexo para pedir aos gestores que estão acostumados a olhar para comportamentos. Isso seria aprofundar demais e geraria uma necessidade de aprofundamento que talvez desviasse o foco do tema principal em se tratando de saúde e segurança. Por isso, o que parece adequado e necessário para este momento é identificar, compreender e gerir os riscos psicossociais.

Ao alcançar esse nível de compreensão sobre os trabalhadores, esses novos gestores inovarão no que se refere à gestão de pessoas. Atingirão uma condição bem mais consistente e eficiente para prevenir problemas que hoje geram custos exorbitantes as empresas e causam mortes, acidentes e danos à saúde física e mental de milhões de trabalhadores no Brasil e no mundo.

Fica claro, portanto, que o antigo "chefe" já não tem mais função no mundo atual. Ao contrário disso, quanto menos chefe melhor. A figura mandatária, opressora, controladora, autoritária e distante não traria soluções as demandas emocionais e afetivas que hoje caracterizam os ambientes de trabalho. Mais que seres produtivos, os trabalhadores desejam e precisam ser vistos como seres humanos – com carências, vulnerabilidade e expectativas emocionais, que já não podem mais ser ignoradas.

Avalie por si mesmo – como seria seu ambiente de trabalho se houvesse alguns "temperos" de afeto, empatia, flexibilidade e cooperação? Quantos problemas como estresse, ansiedade, bullying e depressão poderiam ter sido evitados? Sim, é simples assim.

O que pode vir a tornar essa mudança de paradigma difícil são as resistências de cada um, ao se revelar inseguro ou com medo de implementar mudanças no seu papel de gestor/líder. É comum que o gestor se sinta assustado diante de temas como este. Dúvidas e inquietações surgem e indagações também – o que faço com um colaborador que parece estar com depressão? Encaminho para tratamento? Chamo o RH? Eu vou ter que ser psicólogo para aprender com ele? Será que é culpa minha? Será que meu gestor vai reclamar de mim?

Do mesmo modo, quando acontecem eventos estressores, que acarretam doenças e acidentes, inúmeros sentimentos são experimentados pelos líderes que expressam sentirem em alguns momentos culpa, dúvida sobre como agir ou ainda medo que o problema cresça. Mas como evitar? O que fazer?

Figura 29

Sentimentos vividos pelo gestor/líder diante de acidentes de trabalho

Compreendendo a dinâmica dos líderes, teremos mais condição de contribuir para sua evolução e aprendizagem sobre gestão dos riscos psicossociais.

Passar de chefe a líder implica em humanizar a cultura, em rever valores fundamentais, redefinir conceitos e realinhar crenças que já não atendem mais as demandas dos trabalhadores e do mundo em geral.

No entanto, este não é um trabalho solitário. Não cabe ao gestor promover este *upgrade* sem apoio, sem orientação e sem acompanhamento. É fundamental que se identifique todos os profissionais e setores que podem e devem colaborar com seu conhecimento para que essa evolução aconteça. A cada um cabe reconhecer seu limite para que não haja conflitos e sobreposições. As áreas de Recursos Humanos, Saúde Ocupacional e Segurança no Trabalho nunca estiveram tão próximas como agora (figura 30).

Figura 30

A gestão dos riscos psicossociais: uma ação multidisciplinar

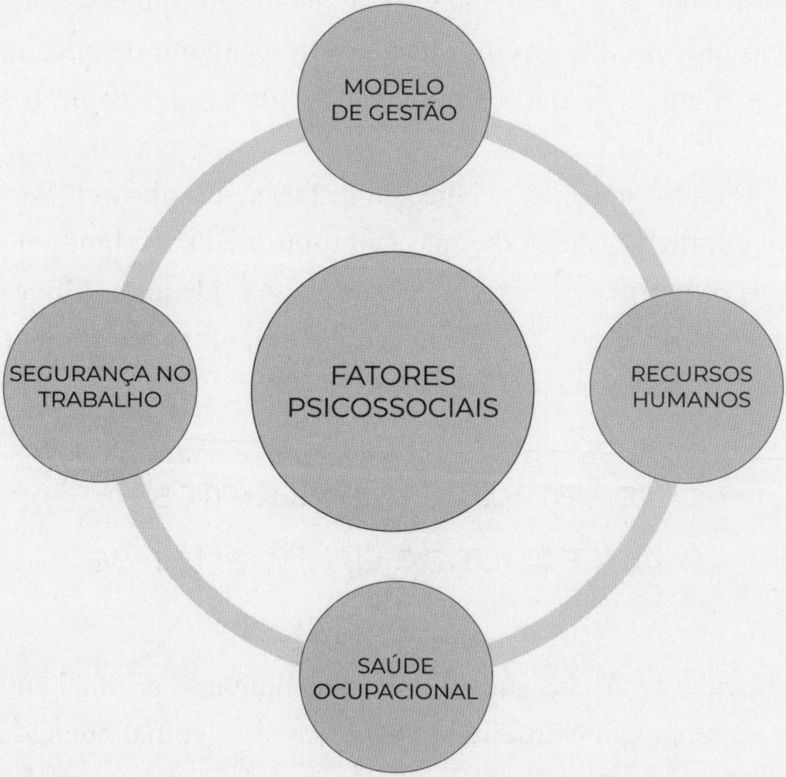

Os itens que compõe a condição de segurança e saúde desejada e buscada nestes tempos atuais se referem a aspectos que leva profissionais da engenharia, medicina, psicologia, ergonomia, serviço social, fisioterapia, enfermagem e tantos outros a construírem um único fórum de discussão, visto que seus objetivos são os mesmos.

Porém, ainda se trata de um assunto novo e pouco conhecido. Por se tratar de uma mudança na cultura organizacional e socioeconômica, alguns conceitos ainda são confusos.

A Saúde mental não trata apenas de doenças mentais. Ela tem início na saúde emocional, ou seja, no quanto as pessoas reconhecem suas emoções e as consequências geradas por estas. Não é mais possível dissociar saúde física e mental. Se odiamos descontroladamente ficamos doentes. Se brigamos por qualquer motivo ficamos doentes. Se vivemos tristes, sem reencontrar a alegria, ficamos doentes. Se não reconhecemos nosso valor como pessoa ficamos doentes.

Quantos acidentes acontecem de forma inexplicável? Por que não cumpriu a norma? Por que não usou o EPI? Enfim, por que pessoas com experiência e conhecimento se acidentam? Onde está a explicação? Respondo: no coração. Porém, refiro-me às emoções e aos sentimentos, não ao órgão físico.

Os Paradigmas Vigentes – A Necessidade de Libertar-se

Um dos aspectos que estimula a manutenção da atual cultura pode ser claramente observado, identificando algumas crenças ainda muito presentes nas organizações e que influenciam nas relações entre as pessoas, entre líder e liderado.

Paradigma 1 – "*Quando vou trabalhar deixo meus problemas em casa.*"

Muitos continuam acreditando que quando vão trabalhar devem deixar seus problemas em casa, caso contrário, isso não seria uma atitude "profissional". Ouvimos com frequência as pessoas afirmando: "não devemos misturar os assuntos."

Na verdade, tudo isso faz sentido se compreendermos a necessidade do trabalhador de se concentrar em sua atividade e dar o melhor de si. Sem dúvida, no trabalho, o foco é o trabalho. Para isso, o trabalhador foi contratado – desempenhar-se de acordo com suas habilidades com foco na tarefa.

No entanto, é inegável que o peso emocional de algumas situações alheias ao trabalho pode deixá-lo abalado e menos produtivo em alguns momentos. Problemas graves, situações de alta pressão e sobrecarga, geradoras de grande estresse tanto físico quanto emocional não podem ser ignoradas, assim como os danos a sua saúde mental e que trazem implicações para todos os setores da vida.

Negar ou ignorar essa questão representa negar a natureza humana. Mesmo não querendo misturar os assuntos (familiar e profissional), somos um indivíduo único e indivisível. Esperar que o trabalhador faça este "encaixotamento" de suas emoções e tensões, é no mínimo uma atitude cruel e nada empática.

Então, sejamos sensatos, chegar no trabalho e dar foco a sua função é um aspecto óbvio. Porém, considerar a vulnerabilidade, compreender o momento e a realidade de cada um, oferecer ajuda, uma escuta receptiva e se for o caso proteger essa pessoa de riscos de acidente seriam, sim, ações bastante inteligentes por parte de seu líder, que estaria praticando valores humanos, sem perder o sentido do trabalho.

Novo Paradigma – Somos um ser único e devemos ser respeitados em nossa complexidade humana.

Paradigma 2 – "*Não tenho medo, tenho respeito.*"

Facilmente percebemos que falar sobre medo é um assunto delicado, sobretudo, com profissionais que atuam em atividades críticas que envolvem riscos a sua vida. Ao serem questionados sobre se sentem medo do que fazem, muitos respondem não ter medo, mas respeito. Essa resposta parece ser mais agradável aos ouvidos de quem escuta e mais segura para quem responde.

Mas o que significa ter respeito? Significa que estamos diante de algum perigo e este requer respeito para evitar acidentes. Todavia, se representa um perigo, então está subentendido que o medo está presente! Certo?

Claro que sim. Contudo, vamos compreender, então, o que significa o medo e desfazer mais um tabu – o medo é uma emoção que sempre existiu e é necessária à nossa preservação. Ao nos depararmos com um perigo, sentimos medo e este irá acionar nosso instinto de proteção, gerando como resposta um comportamento seguro.

Portanto, ter medo não é um problema. Ter medo gera segurança. Gera zelo, cuidado e evita acidentes. Problema seria não ter medo e remeter-se aos riscos, sem limites, sem atenção. Não há motivo para não falar sobre nossos medos. Esse tema deveria ser tratado com naturalidade, espontaneidade, de forma aberta e receptiva.

Novo Paradigma - Meu medo me mantém vivo.

Paradigma 3 – "*Não sei dizer não.*"

Esse paradigma parece estar presente em muitas situações. As pessoas aceitam tudo o que lhe é solicitado, sem avaliar suas condições, seus recursos e sua realidade. Apenas aceitam para evitar desagrados por parte de seu solicitante.

Esse paradigma parece sabotar a autoestima e, em algumas situações, até mesmo, a saúde física e/ou mental do indivíduo, visto que não reconhece e não avalia limites que este deveria estabelecer para si mesmo.

Geralmente, a consequência é sobrecarga e estresse. Indivíduos que aceitam tudo, não dizem não e, portanto, não mostram limites aos demais, acabem por assumirem atividades além de suas reais possibilidades e, não raramente, arrependem-se, percebendo que não deveria ter aceitado.

Novo Paradigma – Dar limites representa respeitar-se para ser respeitado.

Paradigma 4 – "*Não gosto de pedir ajuda. Me viro sozinho.*"

Muitos revelam dificuldades em pedir ajuda por medo de ser julgado ou de parecer incapaz. Com medo desse tipo de conceito, o indivíduo esforça-se ao máximo para agir de forma autossuficiente, deixando de lado a ideia de trabalhar em time e, é claro, sobrecarregando-se.

Por outro lado, sabe-se que delegar, compartilhar e trabalhar em time é a maneira mais inteligente de produzir, visto que qualifica os resultados e evita o estresse do trabalho e das sobrecargas.

Novo Paradigma – Não somos super-heróis. Pedir ajuda significa sabedoria. O Trabalho em equipe enriquece a todos.

Paradigma 5 – *Medo de Errar*

Esse sabotador nasce de um paradigma em que o erro é visto como algo ruim, indesejado, perigoso e incapacitante, podendo, inclusive, chegar a ser entendido como indicador de incompetência. A partir desse entendimento, passa a assombrar a vida das pessoas que lutam para fugir disso e das terríveis consequências que esse possa trazer.

Mas, então, onde fica a antiga fala que diz: errar é humano? Parece não ser suficiente para convencer que o erro não deve ser visto com tanta gravidade, nem mesmo como uma punição frente a uma tentativa de êxito.

Quando erramos, é porque estávamos tentando fazer alguma coisa ou obter determinado resultado. Se é assim, aplausos para quem errou, pois estava no caminho da realização ou da construção de alguma coisa. Se algo deu errado, certamente, alguma lição foi aprendida. Sendo assim, onde está o demérito?

Novo Paradigma – O Erro é a melhor forma de aprender.

Paradigma 6 – *Medo de Ser Julgado*

Este último paradigma, gerador de sabotadores importantes para a vida das pessoas, leva ao distanciamento e ao isolamento. Deixamos de fazer algumas coisas, evitamos experimentar novas situações, censuramos a nós mesmos e, assim, chegamos a razões suficientes para decidir não fazer alguma coisa – a razão para esta trava? Medo de ser julgado e condenado pela sociedade.

Se vivemos em um mundo tão hipócrita, no qual as pessoas se permitem julgar umas às outras, sem conhecimento da realidade do outro, partindo de seus conceitos e, com isso, condenando atos ou palavras, então vale a pena deixar de viver por causa disso? Seremos sempre julgados de qualquer forma. Então, por que deixar de viver?

O medo do julgamento tira a iniciativa, a liberdade e o direito de escolha, impede a criatividade e tolhe a inovação. Leva o indivíduo ao afastamento, ao isolamento, impede a expressão livre e ampla de nossos sentimentos e ideias, além de prejudicar a autoestima daquele que se deixa levar por esse tipo de sabotador.

O antidoto? Avalie você mesmo tudo o que deseja fazer, viver e conhecer. Caso isso não venha a prejudicar ninguém, nem desrespeitar preceitos éticos, vá em frente. Só se vive uma vez!

Novo Paradigma – Aja a partir de seus valores e conceitos.

Paradigma 7 – *Não espere a aprovação dos demais. Conte apenas com você mesmo!*

Romper paradigmas requer coragem e autoconfiança. Ter por base seus valores, seus objetivos, sua ética e seus conceitos, com a segurança de que está respeitando a todos, sem prejudicar ninguém.

Ser capaz de praticar seus valores fundamentais e ter sua conduta alinhada a estes, coloca o indivíduo em condição de força e coragem para enfrentar os muros sociais, abrindo espaço para uma vida com liberdade, autenticidade e leveza para lidar com os impasses que surgirem.

Somente uma mente esclarecida quanto a si mesma, que sabe aonde quer chegar, que identifica o que é aceitável e o que não é tolerável, poderá seguir em frente das mudanças desejadas e necessárias para que viva com mais saúde, segurança e valorização da vida.

Sobre a Mudança Cultural Emergente

Cultura é algo que representa o "jeito de ser de uma empresa". Reflete sua personalidade e, com isso, seu conjunto de valores, crenças e regras para as tomadas de decisão.

Observando o processo decisório de uma organização percebemos seus valores. Do mesmo modo que suas prioridades também identificam sua cultura, por exemplo, o que vem primeiro: produtividade ou segurança? Lucro ou saúde?

A cultura guia a gestão de pessoas, as ações estratégicas, assim como qualquer processo ou ações práticas. Por esse motivo, exerce grande influência no comportamento das pessoas. Profissionais que vão se mantendo por longo período em uma mesma organização adquirem suas características e passam a pensar e agir de forma alinhada a essa cultura. Na verdade, isso é o que faz perdurar essa relação de trabalho – a afinidade e convergência de ideias, valores e conceitos.

Motivações, frustrações e satisfações são fortemente influenciadas pela cultura. Todos os sistemas de recompensas e benefícios que são criados para reforçar a relação da empresa com seu colaborador fazem parte do perfil cultural de organização e, também, refletem seus valores. Uma empresa que valoriza o conhecimento e a educação costuma ter em seu plano de benefícios subsídios destinados a cursos ou a treinamentos.

"Os indivíduos aguardam recompensas, satisfações e frustrações, e essas expectativas tendem a levar à motivação. Fatores de satisfação são os que demonstram os sentimentos mais positivos do profissional em relação ao trabalho" (Chiavenato, 2002).

Assim, formam-se diferentes tipos de cultura a partir da personalidade de seus fundadores e idealizadores, ou seja, constroem uma cultura que reflete suas crenças e valores.

1. Cultura reacionária: consiste em se manter avesso a qualquer tipo de mudança ou transformação. Normalmente, afeta as organizações que já têm um conjunto de crenças e valores enraizados, mas que não adotam o mínimo de flexibilidade necessária para acompanhar o contexto.
2. Cultura formalista: é excessivamente burocrática, fazendo com que todas as decisões demandem longos e demorados processos. Grandes empresas costumam apresentar esse problema inconscientemente, porque

a mudança em gigantes é custosa, envolvendo muitas pessoas, setores, departamentos etc.

3. Cultura da zona de conforto: ocorre quando a empresa deixa de assumir riscos, ou seja, todo mundo se acomoda. Em grandes organizações, isso pode significar a perda de espaços, enquanto em médias e pequenas empresas é um sério obstáculo ao crescimento.
4. Cultura de clube: chama-se cultura de clube quando ocorre uma influência excessiva do líder, gerando relações de favorecimento e bajulação.
5. Cultura de ausência: acontece quando o absenteísmo é aceito e tolerado. Assim, o mal exemplo se repete e passa a ser tratado com normalidade.

Assim como um ser humano, uma organização também pode adoecer e perder sua condição de perceber a si mesma, reproduzindo ações desfavoráveis a si mesma e a seus colaboradores. Para esclarecer isso, basta observar as estatísticas já apresentadas nas páginas anteriores.

Portanto, a forma de lidar com saúde e segurança reflete, obviamente, nos valores e nas crenças práticas pela organização, desenham sua cultura e determinam o quanto segura e saudável ela será para seu colaborador.

Diante de números tão estarrecedores, nada mais nos resta se não revitalizar as culturas, redesenhando cenários, ressignificando as relações de trabalho e esclarecendo, perante a sociedade, sua missão, assumindo os compromissos necessários para sustentar a presença humana dentro das organizações.

A segurança e saúde das pessoas não devem mais serem vistos como um impedimento a produtividade, mas sim se tornarem uma característica da cultura, do trabalho e dos processos.

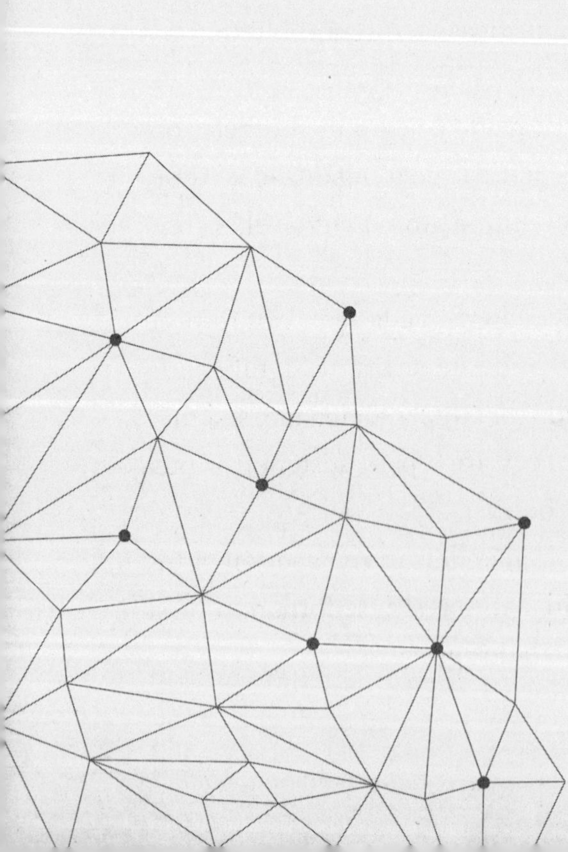

CAPÍTULO 5

Segurança Psicológica

"Embora doa, é necessário expandir nossos limites para nos tornarmos mais fortes."

Ray Dalio

Segurança Psicológica se refere ao quanto o trabalhador sente-se disposto a correr certos riscos que possam afetar seu bem-estar no trabalho, como dizer o que sente, discordar de uma ideia, pedir ajuda ou dizer que não sabe algo, acreditando não sofrer represálias ou intimidações. Esse foi um conceito introduzido pela Dra Amy Edmondson (2020) da Universidade de Harvard,

pesquisado por solicitação da Google em 2015, para que a empresa pudesse compreender o segredo de seu sucesso na gestão de seus times. O resultado da pesquisa surpreendeu trazendo à tona aspectos ainda não identificados. Cinco aspectos se destacaram:

1. **Segurança psicológica**: é a percepção que um indivíduo tem sobre as consequências de assumir um risco interpessoal. Indica o conforto de uma pessoa em discordar das outras e defender seus pontos de vista. É a capacidade de não ter receio de ser visto como incompetente, ignorante, negativo ou chato. Também tem relação com a possibilidade de admitir erros, dar sua opinião e fazer perguntas.

2. **Confiabilidade**: é a expectativa de finalizar o trabalho com qualidade dentro do prazo e a capacidade de acreditar que todos tomarão essa atitude.
3. **Estrutura e clareza**: consiste na garantia de que todos sabem o que é esperado deles e dos processos que devem ser seguidos. As metas estão incluídas nesse critério.
4. **Significado**: é o senso de propósito, tanto no nível individual quanto coletivo.
5. **Impacto**: um dos principais entendimentos trazidos à luz da Segurança Psicológica é de que a inteligência coletiva é muito mais valiosa e importante para todos do que a inteligência individual. Significa que ao invés do indivíduo se proteger e se retrair, ele opta por colaborar e contribuir com seu time, porque percebe que a troca de ideias e influência mútua na inspiração pela construção de soluções se mostram imensamente mais assertivas do que os resultados produzidos por uma única mente.

O ambiente psicologicamente seguro deve estimular essa troca, gerando conforto e proteção para discordar, criticar, dizer não, pedir ajuda ou dizer não sei. Essa proteção remete aos sentimentos de segurança e de tranquilidade que não haverá hostilidades, censura, julgamentos ou represálias de qualquer espécie.

Essa cultura psicologicamente segura deve esclarecer que as diferenças individuais são positivas, bem-vindas e valorizadas, visto que estimulam o processo imaginativo, o pensamento criativo e as soluções inovadoras. Naturalmente, isso se dá por meio dos relacionamentos que se caracterizam pela leveza, pelo bom humor e transparência. Nesse clima, valores como a confiança e a cooperação são praticados, e a liberdade de ser e de pensar se consolidam em uma cultura psicologicamente segura.

Segundo os estudos da Dra Amy (2020), a segurança psicológica se apoia em quatro pilares:

1. Expressar: é seguro para os membros da equipe trazerem ideias, discordarem e questionarem o status quo sem serem intimidados.
2. Interagir: é seguro para os membros da equipe pedirem ajuda, participarem de conversas difíceis, dar e receber feedback, engajarem com seus colegas e iniciarem e manterem um diálogo.
3. Aprender: é seguro inovar, trazer ideias, dizer que não sabem algo ou aprender com seus erros.
4. Pertencer: é seguro para os membros da equipe sentiremse valorizados, reconhecidos, apoiados e com sentimento que não serão rejeitados.

Cabe esclarecer que a implantação de uma cultura de livre expressão não representa estimular as pessoas a se tornarem "supersinceras" e simplesmente ficarem à vontade em dedicar seu tempo a confrontos, arremessando suas verdades a quem quer que seja para que sejam aceitas de qualquer forma. De jeito nenhum, a expressão respeitosa, flexível e conhecedora dos limites do bom senso devem permanecer e prevalecer.

Em tempos pós-pandêmico, promover saúde emocional nas organizações passa a ser uma questão de sobrevivência e palavra de ordem nos setores de recursos humanos. Alguns jamais saíram do ambiente organizacional, mesmo depois da pandemia. Outros se afastaram e retornaram. Outros se afastaram e ainda não retornaram, seguindo suas atividades de forma remota. Porém, todos sabem do sofrimento que viveram e vivem ainda. As demandas trazidas pela pandemia deixam claro que seguir o ritmo de trabalho existente antes do cenário pandêmico não será mais possível se não houver cuidados com a saúde mental. As pessoas foram levadas ao seu limite. Conheceram níveis de estresse mental e emocional que talvez nunca tivessem experimentado antes. Retornar ao trabalho implica em somar a isso tudo o medo de se expor, o medo de perder o emprego, as inseguranças sobre o futuro, as dúvidas sobre o que será possível daqui para a frente, entre tantas outras inquietações. Tudo ficou diferente de uma hora para outra. Não somos mais os mesmos. As necessidades emocionais passam a ser ainda mais presentes e intensas para que uma certa sensação de bem-estar, segurança e qualidade de vida seja novamente experimentada.

O retorno ao trabalho e a construção de um novo normal passam por buscar atender a questões existenciais básicas e urgentes: sentir-se pertencente a um grupo, sentir-se produtivo, sentir-se com valor, perceber que a vida segue e que existe amanhã. Aspectos intrínsecos a natureza humana que se alicerçam na percepção de si mesmo a partir do meio em que se vive. Se vejo que o ambiente de trabalho segue vivo e produtivo, então me sinto da mesma forma. É como se uma confirmação fosse dada ao trabalhador que retorna – estamos aqui e vamos seguir juntos. Contudo, os ajustes seguem e, do mesmo modo que o trabalhador comunica que está de volta e pronto para produzir, é preciso que a empresa comunique, ok, estamos prontos para ajudar.

A chamada responsabilidade social ganha um novo enfoque. Vai além de assumir seu papel na redução das injustiças e nas diferenças socioeconômicas e passa a se ocupar da saúde mental e do bem-estar no ambiente de trabalho de forma a construir relacionamentos mais saudáveis, que permitam a expressão de emoções, ideias e sentimentos pessoais novos e diferentes.

Outras pesquisas realizadas revelam que a segurança psicológica está fortemente ligada a uma entrega de melhor qualidade e não somente de melhoria no clima e no bem-estar das pessoas. Julia Rozovsky , uma das responsáveis pela pesquisa na Google, percebeu que o que mais importava não era "quem" estava na equipe, mas o "como" as pessoas que estavam na equipe se relacionavam e exploravam a inteligência coletiva. Questões técnicas ou de conhecimentos específicos demonstraram não ser mais os quesitos que formam uma equipe dos sonhos. Na pesquisa realizada, não havia padrões claros entre o tipo de personalidade das pessoas, competências técnicas ou, até mesmo, o background (faculdade, escola, experiências) da equipe. Em 2017, uma outra pesquisa da Gallup mostrou que apenas 3 em 10 funcionários concordavam fortemente que suas opiniões contavam no trabalho.

Recentemente, tivemos as publicações de novas diretrizes trazidas pela OIT e OMS para a gestão da saúde mental no trabalho, apontando que mais uma medida de peso surge de Genebra. A OMS, em conjunto com a OIT, define novas diretrizes globais para abordar saúde mental no trabalho.

As Keys Messages apontam para quatro ações:

1. Prevenir, ou seja, implantar intervenções organizacionais que remodelem trabalho, cultura, ambiente de trabalho e relacionamentos.
2. Proteger e promover a saúde mental, melhorando a alfabetização em saúde mental, fortalecendo habilidades e práticas para reconhecer e agir diante das demandas surgidas no trabalho.
3. Apoiar o trabalhador para participar e prosperar no trabalho.
4. Criar um ambiente propício ao bem-estar e saúde por meio das lideranças, dos investimentos, da participação, dos direitos, da integração e do *compliance*.

As recomendações envolvem ações para enfrentar os riscos

psicossociais como cargas pesadas de trabalho, comportamentos negativos e outros fatores que geram sofrimento no trabalho. Pela primeira vez, a OMS recomenda o treinamento de gestores para desenvolverem capacidades para prevenir ambientes de trabalho estressantes e responder aos trabalhadores em sofrimento.

Este documento foi escrito para direcionar os trabalhos de todas as partes interessadas no mundo todo: governos, empregadores, trabalhadores e seus representantes, descrevendo os vínculos entre saúde mental & trabalho e sugerindo estratégias.

Cabe, sem dúvida, a todos os profissionais de saúde mental e que compartilham dos mesmos propósitos se reunirem para efetivar ações e implementar as mudanças urgentes para a sustentabilidade humana.

A saúde mental vem, portanto, ganhando a atenção de especialistas e cientistas do mundo todo, e não é por acaso. De acordo com os dados da Pasta Federal, as notificações de transtornos mentais relacionados ao trabalho passaram de 122, em 2007, para 8.621 em 2017, em razão desses transtornos mentais, que associados às pressões, à sobrecarga e aos demais riscos psicossociais, vem levando ao suicídio laboral. As categorias profissionais mais presentes nestes dados estatísticos são: motoristas de ônibus urbano, gerente de agência, professor de jovens e adultos do ensino fundamental (primeira a quarta série), gerente de contas (pessoa física e jurídica), cobrador de transportes coletivos (exceto trem), técnico de enfermagem, vigilante, agente comunitário de saúde, agente administrativo, faxineiro.

O suicídio pode ser atribuído ao trabalho quando ocorre em decorrência das condições de trabalho ou quando ocorre no local de trabalho. O suicídio é a segunda causa de morte entre jovens entre 15 e 29 anos no mundo hoje. Cerca de 90% poderiam ter sido evitados com medidas pontuais e responsáveis. Burnout e Assédio Moral são parte de uma realidade ainda negada e não abordada pelas empresas. Segundo a OMS, o Brasil é o 8º país do mundo em índices de suicídio.

> Os distúrbios psicológicos já despontam como um dos principais motivos para incapacitação no trabalho.
>
> Estudos apontam que a falta de saúde mental gera uma perda de R$ 450 bilhões ao país por ano.
>
> Cerca de 48% dos trabalhadores sentem desconforto em falar com seu líder sobre sua saúde mental.
>
> Fonte: Televita, 2022

Sabe-se que a segurança psicológica instituída pode representar um poderoso protetor da saúde mental do trabalhador, visto que demandas emocionais básicas passam a ser atendidas. Então, como treinar gestores e líderes para serem promotores da segurança psicológica?

Preparando o ambiente:

• Esquematizando o trabalho: esclarecer os aspectos do trabalho, sendo claro quanto ao que espera das pessoas e do trabalho (valores, metas, métodos de trabalho).

• Focando no alinhamento: alinhamento dos objetivos, metas, métodos de trabalho, ferramentas utilizadas.

• Não tem como desenvolvermos um ambiente de segurança psicológica se as pessoas não têm clareza do básico sobre o trabalho.

• Enfatizando o propósito: falar claramente sobre por que o trabalho importa, por que faz diferença para a organização e para quem; ser claro sobre qual "tipo" de organização está participando.

• Colocando o propósito em sua fala, mesmo que ele não esteja pendurado nas paredes da sua empresa, o mais importante é que ele seja identificado na sua fala como liderança

Convidar a participação:

• Humildade situacional: eu deixo claro que as pessoas sabem que eu não tenho todas as respostas? Eu enfatizei que sempre podemos aprender? Deixei claro que precisamos com que todos sejam humildes e curiosos?

• Investigação proativa: com qual frequência faço boas perguntas ao invés de retóricas? Com qual frequência eu realmente pergunto para os outros ao invés de simplesmente expressar minhas perspectivas?

• Sistemas e estruturas: eu criei as estruturas para estimular que as ideias e preocupações fossem faladas? Essas estruturas estão bem desenhadas para criar um diálogo aberto e maduro?

Responder produtivamente

• Expressar apreciação: eu ouço com foco, sinalizando que o que eu estou ouvindo importa? Agradeço às pessoas por trazer ideias e questões para mim?

• Tirar o estigma das falhas: o que eu posso fazer para reconhecer falhas inteligentes? Quando alguém chega, para mim, com notícias ruins, como eu transformo isso em aprendizado para a pessoa? Eu forneço suporte sobre os próximos passos?

• Incentive projetos e ideias que falharam de forma inteligente, separe um momento para rever planos e projetos antigos e reflita sobre quais aprendizados eles trouxeram para a equipe!

• Estabelecer limites: eu deixo claro as fronteiras? Eu respondo a "violações" a essas fronteiras positiva e claramente de forma a influenciar melhores comportamentos no futuro ao invés de simples repressão? (Fonte: IEEP Educação, abril, 2020)

A OMS alerta para a disparada dos casos de estresse, ansiedade e depressão como uma grave consequência do cenário atual. Empresas, famílias e o cidadão ainda optam pela negação e por reações de fuga frente às emoções e a seus transtornos, esquecendo que, para esse mal, não existe vacina, mas sim conscientização e sensibilidade ao lidar consigo mesmo e com os demais. O custo psicológico das restrições é imenso. Estamos todos emocionalmente doentes em alguma medida. Precisamos ser capazes de ajudar a nós mesmos, para somente depois disso, ajudarmos aos outros!

Temos assim, a implantação de uma cultura psicologicamente segura como sendo um caminho de construção de um ambiente humanamente sustentável, no qual sua saúde mental esteja protegida ou, no mínimo, com chances reduzidas de adoecimento.

A Ordem dos Psicólogos de Portugal leva à população um guia de orientações sobre os cuidados com suas emoções e insistem na importância de praticá-los ainda que isso represente a criação de novos hábitos e exija adaptação a novos tempos.

Veja a seguir:

1. Pratique afeto com quem ama, seja grato ou se preocupe.
2. Intensifique a conexão, mesmo a distância. Não deixe de interagir com as pessoas, ainda que de forma virtual.
3. Modere o consumo de informação sobre a pandemia. Um acesso diário apenas para atualização é suficiente.
4. Evite as notícias falsas e cuidado com as redes sociais.
5. Reorganize a rotina. Administre seu tempo e divida de forma que haja espaço para todas as novas práticas que forem necessárias.
6. Dieta, exercício e boas noites de sono. Esta é uma questão física que implica em impactos na saúde mental devido aos hormônios produzidos.

7. Dê atenção a si mesmo. Isso não é egoísmo. É inteligência emocional!

Abordar a saúde mental no trabalho, na família ou entre amigos passa a ser prioridade. Mais do que nunca! Não podemos mais negar ou adiar essas necessidades urgentes que deterioram vidas, destroem famílias e derrubam relacionamentos. Construa sua rede de apoio, dê atenção as suas demandas emocionais, ajude e peça ajuda. Tudo pode ser possível se soubermos acolher a nós mesmos com empatia e compaixão. Sim, é possível lidar com aspectos emocionais, sem extrapolar os limites de um ambiente laboral. É possível, sim, um gestor cuidar de sua equipe, sem ter que se sentir "solucionador" de seus problemas ou sem ter que assumir uma função de terapeuta em um ambiente de trabalho.

1. Conheça sua equipe.
2. "Sinta" o que se passa com cada um.
3. Aproxime-se, sem forçar o espaço.
4. Demonstre verdadeiro interesse pela pessoa.
5. Escute, ouça e preste atenção, com empatia.
6. Demonstre compreensão.
7. Ajude o outro a pensar sobre o que se passa, compreendendo a situação com clareza e sem distorções.
8. Avalie junto, quais as alternativas de solução que possam diminuir seu sofrimento/estresse. O que já foi tentado e que resultados obteve.
9. Expresse otimismo, afeto e esperança. Deixe que o outro sinta seu apoio e se sinta amparado e acolhido.
10. Demonstre que acredita em sua força e capacidade de superar as dificuldades. Destaque seus potenciais e ajude-o a acreditar em si mesmo.

SUAS ATITUDES:

1. Amor pelo outro. Interesse-se pelo bem-estar do outro verdadeiramente. Seja autêntico.
2. Interesse. Tenho vontade de ajudar.
3. Respeito aos limites de cada um. Cada um tem seu tempo.
4. Colaboração. Demonstre que quer ajudar.
5. Otimismo. Acredite em soluções.
6. Empatia. Ouça com atenção.
7. Compreensão. Não julgue, apenas entenda as razões do outro.
8. Inspire com bons sentimentos.

A necessidade de um ambiente seguro psicologicamente já se mostrava muito antes da pandemia. Porém, em tempos atuais e olhando em perspectivas futuras, é claro observar que novas necessidades e novas demandas humanas surgem com ainda mais ênfase, exigindo atenção, estudo e a construção de novos relacionamentos que permitam que os resultados desejados sejam viáveis.

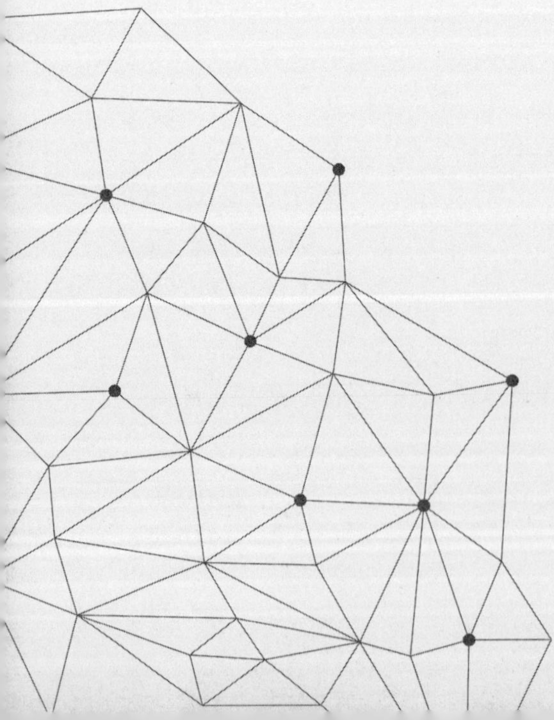

CAPÍTULO 6

Liderança Educadora

Liderança é aproveitar os esforços de outros para realizar algo que ninguém pode realizar sozinho.
Amy Edmondosn

Você deve estar se perguntando: como assim, educadora? Vamos refletir juntos: todo educador, sejam pais ou professores, são formadores de um caráter, de uma personalidade que, por sua vez, será forjada pelos valores e conceitos trazidos pela influência de seus educadores. Considerando, portanto, os impactos de um líder na formação dos comportamentos de seus times, na construção de crenças e valores que são construídos e compartilhados no dia a dia por meio dos enfrentamentos vividos e na interferência gerada na definição de atitudes de valores praticados, entendo, assim, que um líder representa um educador na vida de seus times.

Em uma perspectiva mais ampla, podemos compreender que durante nossa existência temos vários professores, em outras palavras, passamos por pessoas que, em diferentes papeis em nossas vidas, ensinam-nos, fazem-nos refletir, revisar e ressignificar alguns preceitos. Se é assim, listamos ao longo de nossa jornada de vida chefes, gestores ou líderes pelos quais fomos submetidos por forças de nossa posição hierárquica nas organizações onde trabalhamos, que exerceram importante papel educador na construção de nossa identidade profissional, que, sem dúvida, não pode ser dissociada de nossa identidade pessoal, determinando o ranking de prioridades, as escolhas que fizemos e as decisões que tomamos. Alguns mestres mostraram-nos o que queremos adotar como verdade para nossas vidas, aplicando em nosso dia a dia, enquanto outros nos permitiram ver o que não queremos de forma alguma incluir em nossa história, já que a experiência pode não ter atendido às nossas expectativas e necessidades.

Pois bem, se esses líderes educadores influenciam a formação do caráter de seus times, é verdadeiro afirmar que também influenciam na formação da cultura organizacional. Sobre isso já falamos em capítulo anterior, mas, em se tratando da aceleração das mudanças que vemos acontecer nestes tempos atuais, percebe-se que o líder ganha uma importância ainda maior nesse processo e se torna uma figura determinante para a construção de uma nova cultura, mais saudável, mais segura e mais humana.

Porém, vamos discutir esse perfil. Penso que sua motivação resida em ver as pessoas felizes. Em sentir que está podendo contribuir para seu bem-estar no trabalho, valorizando suas contribuições, estimulando seu pensamento criativo, assim como as soluções inovadoras. Entretanto, do mesmo modo que seu time não tem medo ou vergonha de falar o que pensa, esse líder também não se constrange de mostrar seus limites e inseguranças. A condição humana de todos é respeitada e não espera que haja "super-heróis". Esse líder é próximo, é compassivo e empático. Aceita e respeita seus próprios limites, assim como os dos demais.

Quando falamos em liderança, referimo-nos a alguém que influencia seu time a produzir de forma entusiasta por meio de sua melhor performance. Porém, em tempos de pandemia, de mudanças aceleradas e da formação de novos cenários e novos desafios, a adaptação ao novo se destaca como uma habilidade essencial. Adaptação sim, porque vivemos diante de algo desconhecido, ameaçador e ainda não controlado, que invade nossa vida pessoal e profissional, causando medo e insegurança.

Mas como nos adaptar se sentimos medo? Como nos adaptar a algo que não conhecemos e não controlamos? A capacidade de trabalhar junto, de colaborar e de lidar com as diferenças não pode ficar ofuscada pelas incertezas e angústias que inundam nossa vida atual. O medo inibe a criatividade, a ousadia de imaginar soluções novas e impede a segurança psicológica.

A Dra Amy Edmondson (2020), professora de Liderança da Harvard Business School, percebe no líder um polinizador de saúde mental e segurança psicológica nas organizações, guardião do ambiente seguro e, por consequência, produtivo e próspero. Ela considera que "Segurança Psicológica é a crença compartilhada que um time é seguro para tomar riscos pessoais." Riscos de dizer não, de errar ou ainda medo de ser julgado.

Corroborando com essa ideia, Edgar Schein (2009) afirma que as pessoas preferem focar em um objetivo compartilhado ao invés de se fechar para se garantir a proteção individual, e que foi o primeiro autor, junto com Warren Bennis em 1965, a citar este conceito quando buscava compreender como funcionam os times e os fatores relevantes em seus resultados e desempenho.

Figura 31

Motivação e desempenho

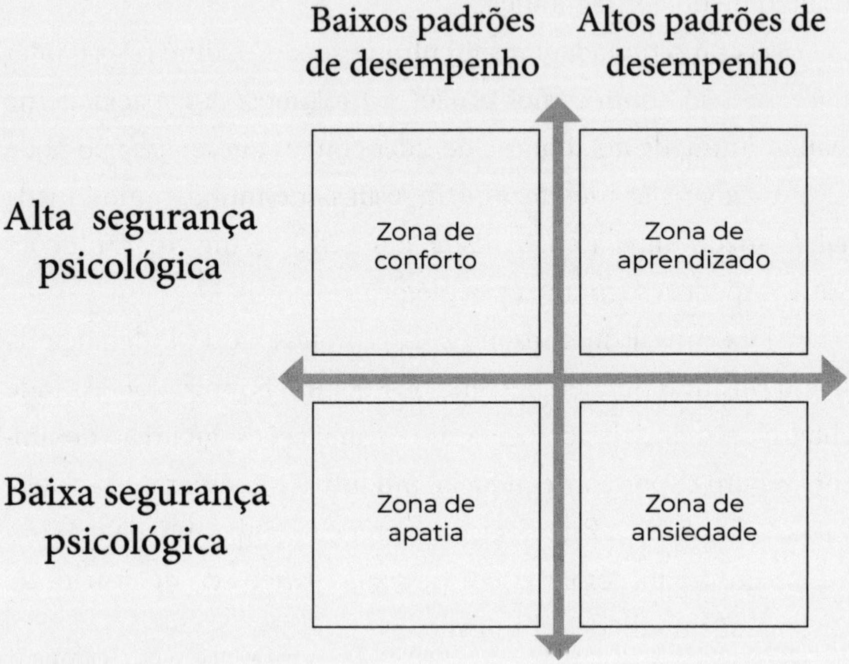

Edgar Henry Schein, Robert R. Blake e Warren Bennis. Personal and Organizational Change Through Group Methods, 1965.

CAPÍTULO 7

A Gestão das Pessoas

"Pessoas bem-sucedidas são aquelas que podem se olhar de fora a fim de ver as coisas objetivamente e administrá-las pra dar forma à mudança."

Bill Gates

Neste foco, a gestão de pessoas ganha uma outra dimensão que envolve considerar:

Sua vulnerabilidade diante das pressões diárias (sobrecarga, estresse, cobranças exageradas, exigências severas);

Suas necessidades básicas de saúde psíquica (reconhecimento, valorização, segurança);

Seus limites e dificuldades pessoais (não saber dizer não, sentir-se incapaz, ter medo de perder o emprego, achar que pode tudo).

Gestão de pessoas começa por compreendê-las. Significa entender suas demandas, carências, necessidades, impulsos, habilidades, expectativas, limites e reações. Porém, calma, não se trata de passar por uma graduação em psicologia para poder realizar esse tipo de gestão. Bastam alguns ingredientes como a empatia, a escuta e o respeito. Para isso, não é necessário um diploma superior. Apenas uma dose de humanidade e de interesse genuíno no bem-estar do outro.

Assim, vamos começar por compreender como as diferenças individuais se manifestam no dia a dia.

Toda a situação vivida será experimentada a partir das experiências anteriores. O que já foi vivido deixa marcas, lições e registros que poderão ser favoráveis, positivos e saudáveis ou serão desfavoráveis, negativos e distorcidos, deixando registros de dor, sofrimento, tristeza, rejeição, abandono ou perda. A partir desses registros, formam-se padrões de comportamento que servirão para a busca da adaptação ou que irão prejudicar essa mesma adaptação. Por exemplo, uma pessoa que foi criada a partir de modelos severos trazidos por seus pais e que eram ofendidas e oprimidas com rigor, por meio de palavras duras que atacavam sua autoestima, muito possivelmente terá dificuldades em aceitar críticas e talvez revele, ao longo de sua vida, uma forte necessidade de autoafirmação, tornando-se competitiva e talvez, até mesmo, autoritária. O modelo conhecido em seus primeiros relacionamentos ensinou esse padrão e, assim, ficou registrado.

Por esse momento, nos processos de recrutamento e seleção de pessoal, o avaliador deverá estar atento a esses padrões de comportamento dos candidatos, de maneira a observar se estará de acordo com a cultura, com o modelo de gestão de pessoas vigente para que, assim, possa se adaptar e se inserir nas equipes de forma adequada.

A essa forma de agir e reagir chamamos de modelos cognitivos, ou seja, a maneira como a pessoa compreende os fatos e reage a estes, partindo de suas experiencias anteriores. Esses modelos podem ajudar ao gestor a compreender se seus colaboradores adotam um modelo seguro ou inseguro diante dos riscos de seu trabalho.

Segundo o Instituto Brasileiro de Terapia Cognitiva (2021), com base em experiências relevantes desde a infância, desenvolvemos um sistema de esquemas, localizado em nível inconsciente ou, utilizando conceitos da Psicologia cognitiva, em nossa memória implícita. Esquemas, nesse sentido, podem ser definidos como superestruturas cognitivas, que refletem regularidades passadas, conforme percebidas pelo sujeito. Ao processarmos eventos, os esquemas implicitamente organizam os elementos da percepção sensorial, ao mesmo tempo em que são atualizados por eles, em uma relação circular. Os esquemas ainda dirigem o foco de nossa atenção. Incorporadas aos esquemas, desenvolvemos crenças básicas e pressuposições intermediárias específicas para diferentes classes de eventos, as quais são ativadas em vista de eventos críticos elicitadores. (Instituto Brasileiro de Terapia Cognitiva, 2021)

Compreendendo os Modelos Cognitivos

Aqui temos um exemplo do que pode vir a ser um modelo seguro, ou seja, o indivíduo passa por alguma situação estressora que demanda uma reação resolutiva, mas com controle emocional e clareza de raciocínio. O processo cognitivo será desencadeado de acordo com os padrões de resposta já discutidos. Desse pensamento, surgirão determinadas emoções que irão refletir no comportamento. No entanto, para que esse reflexo comportamental seja adequado, o indivíduo precisará ser capaz de desenvolver, em alguma medida, condições de controle emocional e lucidez dos fatos, evitando distorções e uma assimilação contaminada por suas experiências mal resolvidas de seu passado.

Vejamos um exemplo de Modelo Cognitivo Seguro, observando uma situação pessoal e uma situação de trabalho e o processo de formação do comportamento que poderá ou não passar pela influência de líderes educadores:

Figura 32

Modelo cognitivo seguro

SITUAÇÃO	PENSAMENTO	EMOÇÃO	COMPORTAMENTO
Estou com problemas em casa. Tenho pensado em me separar.	Tristeza, angústia, medo do futuro. Esperança e otimismo.	Cuido isso depois do trabalho. Preciso me concentrar. Gostaria de ser compreendido.	Chama seu líder ou um colega que se sinta mais à vontade para conversar e pede ajuda no trabalho.
Desentendi-me com um colega. Ele não ajuda o grupo e líder não faz nada para resolver isso.	Raiva. Irritação, agressividade. Compromisso e aceitação.	Acredito que isso possa ser resolvido com uma conversa.	Chama seu colega e tenta compreender, ou chama seu líder e oferece sua ajuda.

Nesse caso, podemos perceber a condição do sujeito em aliar emoções inteligentes às emoções dolorosas do evento, adotando uma perspectiva positiva para a solução deste. Percebe-se controle emocional com pensamento resolutivo e otimista, toma para si a condição de encaminhar o melhor resultado e não se deixa levar ou dominar por impulsos que poderiam comprometer o desfecho. A esta condição fica claro a inteligência emocional, a autoestima, autoconfiança, o locus de controle interno, a boa gestão do estresse, assim como uma clareza sobre a percepção dos fatos que permitem uma condução segura, saudável e favorável a todos.

Agora, vejamos o que muda no Modelo Cognitivo Inseguro diante das mesmas situações anteriores:

Figura 33

Modelo cognitivo inseguro

SITUAÇÃO	PENSAMENTO	EMOÇÃO	COMPORTAMENTO
Estou com problemas em casa. Tenho pensado em me separar.	Tristeza, angústia, medo do futuro.	Quero acabar logo este trabalho. Preciso ligar para meu advogado.	Desatenção, pressão, dificuldade de concentração, indisciplina.
Desentendi-me com um colega. Ele não ajuda o grupo e o líder não faz nada para resolver isso.	Raiva. Irritação, agressividade.	Vou ignorá-lo e se tiver a oportunidade vou me vingar.	Negligencia e hostiliza seu colega, prejudicando a harmonia em grupo.

Temos um polo absolutamente orientado para o conflito, sem controle emocional, sem uma visão favorável para o futuro, sem iniciativa resolutiva, sem os valores que norteariam um comportamento favorável a todos. A reação observada parecer orientada apenas por impulsos e emoções destrutivas, sem compromisso com seu bem-estar e nem mesmo de terceiros. Sugere, inclusive, insegurança, falta de confiança em si mesmo, pessimismo e desconfiança.

Todos sabemos que a motivação vem do próprio indivíduo e, portanto, não pode ser determinada pelo líder. Porém, sob a perspectiva de um líder educador, essa premissa passa a merecer uma revisão.

Todo educador influencia seus educandos, na medida em que estes contribuem fortemente na revisão de seus valores pessoais.

Competências Socioemocionais – Uma Nova Dimensão

Muito mais que desenvolver competências laborais ou comportamentais se faz urgente que os profissionais (e não apenas os líderes) aprendem atitudes, baseadas em valores fundamentais, que permitam mais condições socioemocionais para lidar com as demandas e os deafios dos tempos atuais e futuros.

Já não é mais suficiente ser um grande líder, influenciador de pessoas na busca por resultados e atingimento de metas. É preciso ser capaz de compreender as necessidades do outro, sentir o que o outro sente e pensar em soluções que atendam a demandas básicas de saúde mental.

Trata-se de alinhar valores fundamentais e humanos às atitudes e aos comportamentos. Não basta acreditar que o respeito é importante, é preciso ter uma atitude respeitosa com as pessoas e um comportamento consonante com esse discurso. Aquele belo discurso sobre ética e valores precisa ser praticado. Essa prática deve acontecer, porque realmente reflete a forma de pensar e sentir do indivíduo.

Essa é uma nova fase de desenvovlimento dos lideres, na qual as competências precisam estar alinhadas com valores fudamentais e atitudes que reflitam um modo de pensar e sentir mais humano, respeitoso e ético.

São um conjunto de habilidades individuais e atitudinais que se manifestam no comportamento a partir do modo de PENSAR, AGIR E DE RELACIONAR consigo mesmo e com os outros.

Implicam em um alinhamento entre valores, conceitos, crenças e ações que permitem ao indivíduo uma melhor adaptação às demandas do mundo em que vive, favorecendo, assim, a definição de seus objetivos, assim como suas escolhas e decisões frente a situações novas ou adversas.

Em tempos de crises e dentro do âmbito organizacional, percebe-se a importância e a necessidade de pensar em desenvolvimentos em novas dimensões, reeducando líderes e equipes em seus relacionamentos.

VALORES – que prioridades são praticadas? Como faço minhas escolhas? Do que não abro mão?

ATITUDES – o que me faz feliz? Como me sinto diante de injustiças? Quais os preconceitos que me limitam?

CULTURA – que tipo de ambiente eu crio? Que pessoas me atraem? Qual meu estilo de vida? O quanto me envolvo com questões sociais ou mantenho o padrão já existente?

O desenvolvimento de competências socioemocionais implica em uma revisão de valores, de atitudes e, por consequência, mudam a cultura e os padrões em que vivo.

Pensando em treinar novos educadores, o Instituto Airton Senna (2020) desenvolveu uma pesquisa que sendimenta seu trabalho. Foram apresentadas cinco macrocompetências com base na teoria comportamental dos cinco grandes grupos comportamentais (*big five*).

Essas macrocompetências tratam dos pilares que orientam um comportamento que contempla o autocuidado, o cuidado com o outro, com a sociedade em que se está inserido e o mundo que se deseja criar. Dessa forma, líderes se preparam para agir de maneira alinhada com valores mais huminatários e colocam-se no caminho de construir uma nova realidade.

A Psicologia positiva visa compreender melhor os caminhos que levariam o ser humano à felicidade, orientando suas práticas para o estudo científico das potencialidades humanas ao invés de seguir clássico papel curativo da Psicologia Convencional.

As emoções positivas, tais como alegria, otimismo ou esperança, fortalecem nossos recursos intelectuais, físicos e sociais, importantes para estratégias de enfrentamento quando uma oportunidade ou uma ameaça se apresenta em nossas vidas.

O cultivo das emoções positivas promove uma disposição mental expansiva, tolerante e criativa, deixando as pessoas abertas a novas ideias e experiências.

A Teoria da FELICIDADE AUTÊNTICA, segundo Martin Seligman (2011), é de que a felicidade pode ser analisada sob três elementos:

1. Emoção positiva: prazer, alegria, entusiasmo, conforto etc.
2. Engajamento: ser capaz de entregar-se, sem se dar conta do tempo.
3. Sentido: servir a algo em que se acredita ser maior, um propósito.

COMO MEDIR? Pela satisfação na vida

Em se tratando de saúde mental e segurança no trabalho, parece claro ser este o caminho – promover o bem-estar para proteger a saúde mental e, dessa forma, evitar acidentes.

A Teoria do BEM-ESTAR tem por objetivo aumentar o florescimento pelo aumento de emoções positivas, engajamento, sentido, relacionamentos positivos e realização.

Como medir? Pelo florescimento dos aspectos acima colocados.

Portanto, o tema da Psicologia Positiva é o Bem-Estar, e o principal critério para a mensuração do bem-estar é o florescimento. O Objetivo da Psicologia Positiva é aumentar este florescimento.

Seligmam (2011) acredita que Felicidade depende de escolhas, e estas escolhas têm múltiplas motivações e, portanto, devem ser analisadas a partir de emoções positivas, engajamento e sentido. Assim, o objetivo da psicologia é aumentar o florescimento. Portanto, não trabalharemos com FELICIDADE, mas sim com o BEM-ESTAR.

Se quisermos ajudar trabalhadores em sofrimento para que reencontrem o bem-estar no trabalho, devemos ter em mente esses preceitos, compreendendo que uma abordagem em nível emocional e afetivo, que promova conforto e acolhimento, pode estimular na construção de uma vida mais agradável.

Emoções positivas e engajamento: a reflexão sobre o que me faz bem, o que está dando certo, o que/onde/com quem gosto de estar favorece o estímulo de emoções positivas.

Sentido: traz um significado para o "quem" ou o "o que", responde "o porquê" aquilo faz bem.

Associando a Psicologia Positiva com a Inteligência Emocional veremos que relacionamentos positivos dependem de pessoas que se conheçam, que saibam se relacionar, que façam uso adequado de suas emoções, que possuam habilidades de empatia e de autogestão.

Como diz Seligman (2011), "poucas coisas positivas são vividas sozinhas", ou seja, as experiências de alegria, motivação, bem-estar e prazer quase sempre são acompanhadas de outras pessoas. À medida que são compartilhadas, multiplicam-se e permitem a formação de um ambiente psicologicamente seguro, no qual as pessoas são livres para serem elas mesmas.

Precisamos ser capazes de formar relacionamentos positivos. Pessoas positivas podem ser o melhor remédio para a dor, o sofrimento ou as emoções ruins. A empatia é um elemento determinante para esse objetivo. Porém, o que funciona como ativador da empatia:

- Pedir que repita;
- Parafrasear;
- Demonstrar interesse pela pessoa;
- Escutar com muita atenção;
- Estar presente;
- Escutar o silêncio com respeito.

O que funciona como bloqueador da empatia?

- Aconselhar;
- Competir pelo sofrimento;
- Consolar;
- Contar histórias;
- Encerrar o assunto;
- Interrogar;
- Explicar-se;
- Corrigir.

A Inteligência Positiva permite ainda uma certa "blindagem psicológica" contra sabotadores ou crenças limitadoras que possam vir a prejudicar a construção de uma vida leve, feliz, com saúde mental e segurança. Pensando positivamente, estimulando o surgimento de emoções agradáveis, registrando as situações vividas por meio de pensamentos que gerem esperança, aprendizado e evolução, desenvolve-se atitudes positivas com maior capacidade de enfrentamento e de autoconfiança. Esse modelo cognitivo absorve as situações vividas na forma de lições ao invés de traumas e as sente com otimismo ao invés de pessimismo.

Pessoas com Inteligência Positiva bem desenvolvidas são mais saudáveis psicologicamente e possuem menores índices de acidentes no trabalho ou de afastamentos, além de terem maior propensão a alta performance.

CAPÍTULO 8

A Gestão dos Riscos Psicossociais

"Amor é forte. Amor é a força mais poderosa do universo. Amor é uma vantagem competitiva. Amor é abundantemente disponível, e permite a criação de um grande valor."

Fred Kofman

Realizar gestão com foco em saúde e segurança no trabalho só é possível e eficaz depois de haver uma profunda e sincera reflexão sobre valores fundamentais. De nada adiantaria realizar estratégias, desenvolver treinamentos e implantar regras rígidas somadas aos melhores EPIs do mundo, se a organização não estiver verdadeiramente apoiada em valores que sustentem ações eficientes e eficazes para garantir a saúde e a segurança do trabalhador.

Enquanto vivermos o reinado capitalista que coloca a preponderância do trabalho, do lucro e da produtividade acima dos interesses humanos, não teremos os resultados desejados e esperados para assegurar que as pessoas retornem a suas casas em condições de saúde e de segurança.

No entanto, vivemos neste momento um cenário pandêmico que desestabiliza a economia global como um todo, assim como seus sistemas de gestão pública. O recado está dado: empresas, instituições e organizações que não cuidarem da saúde de seus colaboradores não se sustentaram. A grande lição sobre cuidarmos uns dos outros está presente para quem se dispuser a ser um bom aluno. Contudo, os mais resistentes sofrerão as consequências do descaso.

O resgate de valores necessário a preservação da vida e da saúde deve ser autêntico, honesto e sincero e de forma alguma se mostrar confrontativo ou impeditivo de resultados para a organização. Não se trata de tornar a organização um ambiente de filantropia ou de caridade, mas de respeito e cooperação mútuos, em que pessoas e trabalho se organizam para juntos alcançarem seus objetivos.

Novas orientações provenientes da Organização Internacional do Trabalho (OIT) já apontam para novas práticas e hábitos, visando proteger e prevenir a saúde e a segurança dos trabalhadores em modalidade presencial.

Pessoalmente, acredito que os riscos psicossociais estão por trás dos acidentes em quase sua totalidade. Os motivos e causas de um acidente muitas vezes ficam explicados pelos riscos físicos, mecânicos, químicos e biológicos. Os riscos psicossociais ficam nas entrelinhas dos riscos ergonômicos e, muitas vezes, não são identificados e tratados como deveriam.

Enquanto isso, prejudicam a saúde mental do trabalhador, o clima dos setores, a motivação, a produtividade, enquanto se acumulam os custos operacionais, os afastamentos e os acidentes de trabalho.

Assim, o maior prejuízo dos riscos psicossociais ao trabalhador brasileiro ainda se dá pelo descaso, pela relutância em aceitar sua presença e sua influência e, portanto, a ausência de gestão sobre eles. Resultado? Somos o país mais ansioso do mundo, no pós-pandemia, os números de transtorno de ansiedade, depressão e estresse triplicaram. Quanto a acidentes e a afastamentos ainda não temos números no pós-pandemia, devido ao fechamento de muitas empresas.

A Implantação

Implantar a Gestão dos Riscos Psicossociais em tempos de pandemia implica em sensibilizar os principais gestores a, de fato, desejarem cuidar da saúde mental das pessoas. Estamos falando do resgate de valores humanos que, em muitos casos, é apenas falado, mas não praticado.

Começa por fomentar espaços para a discussão sobre o tema de maneira que todos possam compreender do que se trata, desmistificar e quebrar os tabus necessários. Assim, abrimos espaço para um novo olhar diante das pessoas.

Logo em seguida, é necessário identificar os indicadores intervenientes para que se tenha em mãos os subsídios necessários. Nesse momento, é inserido a prática da avaliação psicossocial que, além de avaliar alguns indivíduos, permitirá uma melhor compreensão da dinâmica da saúde mental vigente.

A partir disso, pode-se pensar em intervenção de prevenção e correção para, logo em seguida, capacitar os gestores para a gestão de pessoas com foco em SST. Depois de algum período com Avaliações Psicossociais, grupos de apoio e rodas de conversa, já é possível realizar novos ajustes e seguir com as melhorias que se aplicarem nesse momento para dar seguimento a implantação do novo modelo de gestão.

Figura 34

Processo de implantação da gestão dos Riscos Psicossociais

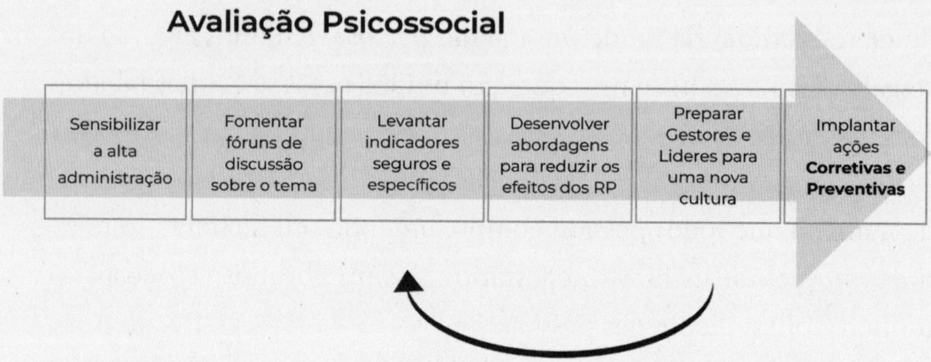

Se quisermos ações que promovam a saúde e segurança no trabalho, precisamos de ações alinhadas entre a ORGANIZAÇÃO que irá prover os recursos necessários a sustentação da SST.

Dos gestores que deverão tornar a rotina de trabalho menos sofrida, mais equilibrada e flexível às necessidades dos colaboradores.

Por fim, do colaborador que deverá cuidar de sua saúde física e mental rotineiramente, tornando isso um hábito, agindo preventivamente.

Naturalmente, isso trata de uma mudança cultural, em que valores, atitudes e condutas sejam revisados e cada um se disponha a olhar para si e fazer a sua parte.

Figura 35

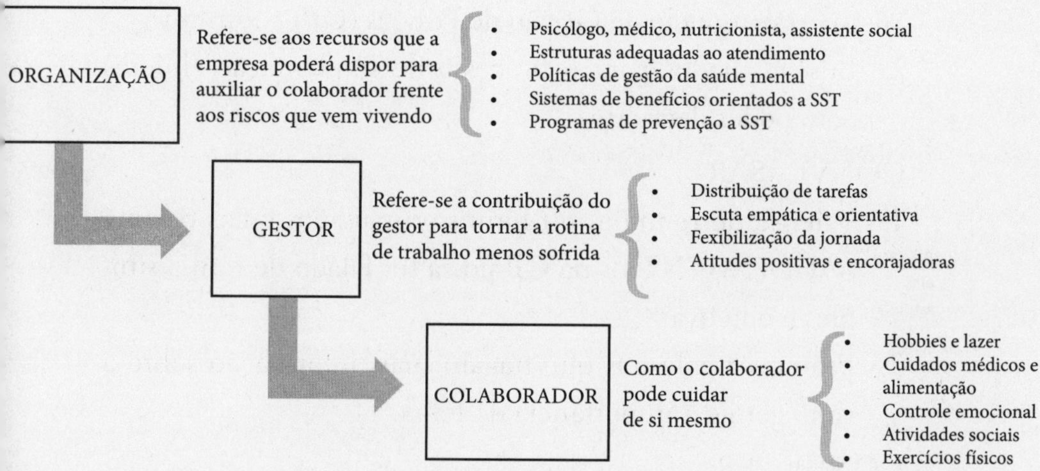

Implantar um novo modelo de gestão que contemple saúde e segurança no trabalho inicia por sensibilizar as pessoas, mas, sobretudo, a quem toma as decisões estratégicas. Trata-se de um processo de conscientização e ampliação da visão sobre sustentabilidade. É importante saber que haverão avanços e retrocessos, visto que se trata de um processo de mudança cultural e, portanto, gradual.

Estimular discussões, criar espaço para trocas de ideias e informações e definir fóruns que permitam a reflexão sobre novos valores, assim como *insight* sobre as necessidades de evolução são imprescindíveis para que se possa expandir as possibilidades de intervenção. A partir disso, surge a necessidade de conhecer para agir, ou seja, levantar indicadores, trabalhar com predição e conhecer, de fato, como os riscos psicosocoais afetam o dia a dia de cada trabalhador.

Somente depois disso, é que se poderá agir, capacitar e intervir diretamente na cultura e transformar o que já não funciona mais, dando lugar ao novo e abrindo para a inovação na gestão das pessoas.

SENSIBILIZAR

1. .Identificar os valores da organização e apontar de que forma esse modelo de Gestão de Pessoas (GP) contribui.
2. Buscar aliados para o processo de implantação (lideres com poder decisório).

CONVERSAR

1. Valer-se de reuniões ou fóruns grupais nos quais o tema SAÚDE MENTAL na GP possa ser falado de forma simples e objetiva.
2. Promover palestras que tragam mais informação sobre a vantagem e a importância do tema.

CONHECER

1. Implantar fontes de informação sobre riscos psicossociais que gerem indicadores sobre as condições de saúde mental dos colaboradores, sobretudo os mais expostos a riscos e ao estresse no trabalho.

AGIR

1. Uma vez que a empresa passe a querer dar atenção a SST, é preciso desenvolver abordagens em todos os níveis que abra espaço para novas práticas.

CAPACITAR

1. Desenvolver gestores para que saibam como lidar com os riscos psicossociais e as implicações na saúde mental do trabalhador.

INTERVIR

1. Implantar ações específicas para a promoção da saúde mental, gerando ambientes em que se possa falar sobre emoções, problemas, estresse e tudo que possa estar influenciando na saúde mental do trabalhador.

A Importância dos Indicadores de SST

"Se você não pode medir, você não pode gerenciar."
(Peter Drucker)

O desconhecido passa desapercebido. O que não queremos conhecer, por medo ou insegurança, negamos ou não damos importância. Assim vem sendo com relação aos riscos psicossociais.

Esse assunto ainda vem sendo tratado como um tabu, em alguns casos, com desleixo, em outros casos, de forma distorcida. Porém, o fato é que já não podemos mais deixar de lado os números assustadores que gritam aos olhos.

O Brasil está em 4º lugar no mundo em acidentes de trabalho. Entre os anos de 2018 e 2019, morreram 2.995 pessoas e outras 802 mil se acidentaram. Estamos gastando 13,2% do Produto Interno Bruto (PIB) em programas de proteção social.

Os indicadores de saúde e segurança no trabalho servem para avaliar as ações de prevenção aos acidentes e de promoção de saúde mental, associando com as medidas estatísticas de ocorrência e de afastamentos. Esses indicadores são relevantes para o desenvolvimento de ações eficazes e eficientes para a prevenção, permitindo a identificação dos pontos críticos e que merecem maior atenção dos especialistas, adotando as medidas preditivas, preventivas e corretivas para o momento.

De modo geral, os indicadores pesquisam fatores causadores de acidentes de trabalho, fatores causadores de doenças ocupacionais e fatores de qualidade de vida, sendo este último como preventivo das doenças e dos acidentes de trabalho.

Os indicadores que pesquisam fatores causadores de acidentes de trabalho são pensados com o objetivo de observar as flutuações e tendências das ocorrências de acidentes. Esses fatores são identificados por meio das:

1. Taxa de Incidência dos acidentes do trabalho (intensidade com que acontecem os acidentes em geral e de forma simplificada).
2. Taxa de Incidência específica para acidente do trabalho típicos (mostra indicadores sobre acidentes decorrentes da atividade).
3. Taxa de Incidência para doenças do trabalho (desencadeada pelo exercício da função).
4. Taxa de incidência específica para acidente de trabalho temporário (trata dos acidentes ocorridos com trabalhadores em exercício temporário na função)
5. Taxa de Mortalidade (aponta o número de óbitos no trabalho em relação ao número de pessoas expostas a função).
6. Taxa de Letalidade (mostra o potencial do acidente em vir a ser gerador de óbitos)
7. Taxa de Acidentalidade Proporcional Específica para a faixa etária de 16 a 34 anos (traz informações específicas de uma faixa etária para comparar com outras faixas etárias).

Esses indicadores foram criados pelo Sistema de Comunicação do Acidente do Trabalho, do Sistema Único de Benefícios e do Cadastro Nacional de Informações Sociais aplicados entre os anos de 2009 e 2010.

Em alguns casos, utiliza-se a Incidência por Atividade Econômica, conforme o objetivo da pesquisa.

Quanto aos indicadores de saúde do trabalhador, esses são:

parâmetros utilizados internacionalmente como o objetivo de avaliar, sob o ponto de vista sanitário, a higidez de agregados humanos, bem como fornecer subsídios aos planejadores de saúde, permitindo o acompanhamento das flutuações e tendências históricas do padrão sanitário de diferentes coletividades consideradas à mesma época ou da mesma coletividade em diversos períodos de tempo. (Rouquayrol, 2020, 4ªed).

Os indicadores de saúde são basicamente três, de acordo com o DIEESE (2020):

Taxa de Mortalidade;

Taxa de Mortalidade Específica;

Taxa de Incidência em Agravo.

Além disso, indicadores mais específicos podem ser aplicados, por exemplo:

1.Exames Médicos Periódicos: para avaliar as condições de saúde no momento ou se alguma ação preventiva deve ser buscada.

2. Exames Demissionais: avalia as condições de saúde no momento do desligamento, visando sugerir alguma ação específica, caso necessário.

3. Exames de Retorno ao Trabalho: exame realizado após o afastamento temporário para averiguar se esse trabalhador já está em condições de assumir suas funções.

4. Exames para Mudança de Função: quando novas exigências serão feitas, o trabalhador passa por avaliação médica, assim como avaliar se na função anterior, houve algum desgaste.

No entanto, os riscos psicossociais ainda passam por uma fase de assimilação das empresas e, por esse motivo, poucas são as que se apropriam desse tema para pesquisá-lo e preveni-lo. Porém, enquanto isso não acontece, os acidentes seguem acontecendo e as perícias preferindo buscar explicações em aspectos mais concretos como "falha operacional" ou "falha mecânica".

Realizar um "mapa de riscos psicossociais" ajuda a compreender os fatores de riscos, permite ao gestor e as áreas de SST identificar onde começam, de que forma passam de fator para risco e, assim, pode-se pensar em ações de prevenção (figura 36).

Figura 36

Mapa dos Riscos Psicossociais

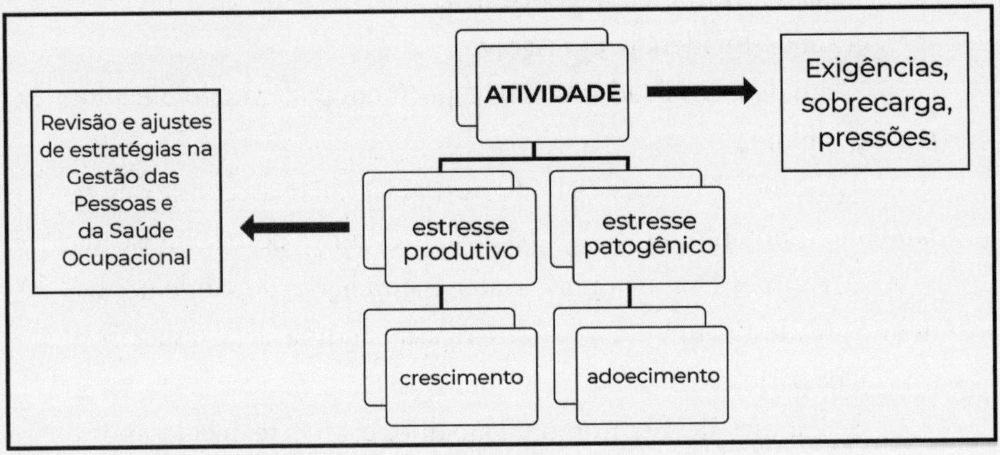

A Avaliação Psicossocial como um Indicador de SST

Ainda em relação a indicadores de saúde, temos mais recentemente e ainda pouco divulgado, a Avaliação Psicossocial como uma forma de investigar o quanto o indivíduo está em condições psicológicas de lidar com os perigos de sua atividade.

Figura 37

A quem interessa a Avaliação Psicossocial?

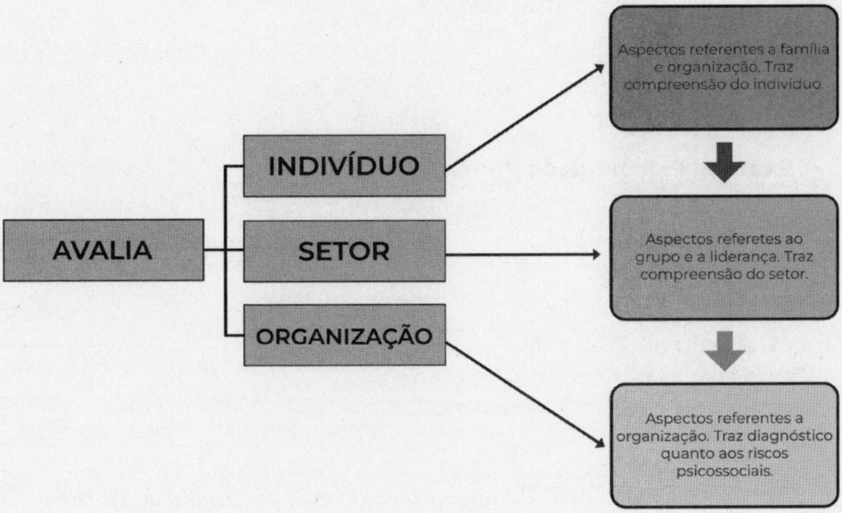

Nessa avaliação, o trabalhador deverá ser avaliado quanto as suas condições cognitivas, culturais, emocionais e de saúde para indicar o quanto este terá condições de lidar com os riscos de sua atividade, minimizando, assim, as chances de acidente. Todos esses exames, em conjunto, permitem uma clara compreensão sobre o quanto de desgaste pode haver em relação ao trabalho. Todos esses exames irão compor o Atestado de Saúde Ocupacional – ASO, assinado pelo médico após compor sua compreensão quanto as condições de saúde física e mental do trabalhador. Cabe lembrar que, a partir de janeiro de 2022, a NR-07 passou a exigir exames psicológicos em outras situações além dos periódicos e admissionais, tornando a compreensão dos riscos psicossociais uma prática cada vez mais presente.

Figura 38

Orientações da NR07 quanto a realização das avaliações psicossociais

Exames Psicológicos Periódicos

- Admissionais
- Periódica
- Retorno ao Trabalho
- Na troca de riscos ocupacionais
- Demissionais

Norma Regulamentadora 07 - Ministério da economia - Secretaria do Trabalho - 2022.

Para a identificação de fatores de qualidade de vida, é preciso compreender o subjetivo conceito de qualidade de vida, que passou a abranger a vida diária das pessoas e das organizações, utilizado, frequentemente, tanto para avaliar condições de vida urbana, como transporte, saneamento básico, lazer e segurança, quanto ao que se refere à saúde física, conforto e bens materiais. Daí a subjetividade do termo, já que os parâmetros para a definição do que é viver com qualidade, seja no pessoal, seja no profissional, são diversos e resultam das características, expectativas e interesses individuais.

A qualidade de vida no trabalho tem como meta "gerar uma organização mais humanizada, na qual o trabalho envolve, simultaneamente, relativo grau de responsabilidade e de autonomia no nível do cargo, recebimento de recursos de "feedback" sobre o desempenho, com tarefas adequadas, variedade, enriquecimento do trabalho e com ênfase no desenvolvimento pessoal do indivíduo." (Walton, 1973), segundo o livro Qualidade de Vida no Trabalho / Eda Conte Fernandes – Salvador, BA: CASA DA QUALIDADE, 1996.

Para compreender os critérios de avaliação da qualidade de vida no trabalho, é preciso considerar certas categorias conceituais, de acordo com os termos do modelo de Walton (1973), que são definidos da seguinte forma segundo o livro Qualidade de Vida no Trabalho / Eda Conte Fernandes – Salvador, BA: CASA DA QUALIDADE, 1996.

1. Compensação Justa e Adequada: visa à Qualidade de Vida no Trabalho em relação à remuneração recebida pelo trabalho realizado.

2.Remuneração adequada: remuneração adequada ao empregado para viver dignamente dentro das necessidades pessoais e dos padrões culturais, sociais e econômicos da sociedade em que vive.

2.1 Equidade interna: igualdade de remuneração entre outros membros de uma mesma organização.

2.2 Equidade externa: igualdade na remuneração em relação a outros profissionais no mercado de trabalho.

2.3 Condições de Trabalho: mede a Qualidade de Vida no Trabalho em relação às condições existente no local de trabalho, nos seguintes critérios:

2.3.1 Jornada de trabalho: carga horária de trabalho, previstas ou não pela legislação, e sua relação com as tarefas realizadas.

2.3.2 Carga de trabalho: quantidade de trabalho executado durante um turno de trabalho.

2.3.3 Ambiente físico de trabalho: local e condições de bem-estar, conforto e organização para o desempenho do trabalho.

2.3.4 Material e equipamento: quantidade e qualidade de material disponível para a execução do trabalho.

2.3.5 Ambiente saudável: local de trabalho e suas condições de segurança e de saúde em relação aos riscos de injúria ou doenças.

2.3.6 Estresse: quantidade percebida de estresse a que o profissional é submetido na sua jornada de trabalho.

3. Uso e Desenvolvimento de Capacidades: visa à medida da Qualidade de Vida no Trabalho relacionado às oportunidades que o empregado tem de aplicar, no seu dia a dia, seus conhecimentos e aptidões profissionais, nos seguintes critérios:

3.1 Autonomia: medida permitida ao empregado de liberdade substancial, independência e descrição na programação de seu trabalho.

3.2 Significado da tarefa: relevância da tarefa desempenhada na vida e no trabalho de outras pessoas dentro ou fora da instituição.

3.3 Identidade da tarefa: medida da tarefa na sua integridade e na avaliação do resultado.

3.4 Variedade da habilidade: possibilidade de utilização de uma larga escala de capacidades e de habilidades do indivíduo.

3.5 Feedback: informação ao indivíduo acerca da avaliação do seu trabalho como um todo e de suas ações.

4. Oportunidade de Crescimento e Segurança: tem por finalidade medir a Qualidade de Vida no Trabalho em relação às oportunidades que a instituição estabelece para o desenvolvimento e crescimento pessoal de seus empregados e para a segurança do emprego. Os seguintes critérios expressam a importância do desenvolvimento e a perspectiva de trabalho.

4.1 Possibilidade de carreira: oportunidade de progredir na instituição e na carreira, reconhecidos por colegas, membros da família, comunidade.

4.2 Crescimento pessoal: educação contínua para o desenvolvimento das potencialidades da pessoa e aplicação destas.

4.3 Segurança de emprego: grau de segurança dos empregados em relação à manutenção dos seus empregos.

4.4 Integração Social na Organização: mede grau de integração social existente na instituição nos seguintes critérios:

4.5 Igualdade de oportunidades: grau de ausência de aproveitamento na organização de trabalho em termos de símbolos "status" ou estruturas hierárquicas íngremes; e de discriminação quanto à raça, sexo, credo, origens, estilos de vida ou aparência.

4.6 Relacionamento: grau de auxílio recíproco, apoio socioemocional, abertura interpessoal e respeito às individualidades.

4.7 Senso comunitário: grau de senso de comunidade existente na instituição.

4.8 Constitucionalismo: mede o grau em que os direitos do empregado são cumpridos na instituição, segundo os critérios:

- Direitos trabalhistas: cumprimento dos direitos do trabalhador, inclusive, o acesso à apelação.
- Privacidade pessoal: grau de privacidade que o empregado possui dentro da organização.
- Liberdade de expressão: forma como o empregado pode expressar seus pontos de vista aos superiores sem medo de represálias.
- Normas e rotinas: como as normas e rotinas influenciam o desenvolvimento do trabalho.

- Relevância Social da Vida no Trabalho: visa medir a Qualidade de Vida no Trabalho por meio da percepção do empregado em relação à responsabilidade social da instituição na comunidade, à qualidade de prestação dos serviços e ao atendimento a seus empregados. Entre os critérios, foram destacados os seguintes:
  - Imagem da instituição: visão do empregado em relação à sua instituição de trabalho: importância para a comunidade, orgulho e satisfação pessoal de fazer parte da instituição.
  - Responsabilidade social da instituição: quanto à responsabilidade para a comunidade, refletida na preocupação de resolver os problemas da comunidade e de não lhe custar danos.
  - Responsabilidade social pelos empregados: percepção do empregado quanto à sua valorização e participação na instituição, a partir da política de Recursos Humanos.

Por se tratar de um tema bastante subjetivo, a qualidade de vida no trabalho precisará de uma gama maior de indicadores para que se possa fazer os cruzamentos de informações e, assim, chegar a conclusões claras e mais especificas para que se possa, a partir disso, definir ações e corrigir processos, políticas e Gestão de SST (figura 39).

Figura 39

Gestão de saúde e segurança no trabalho

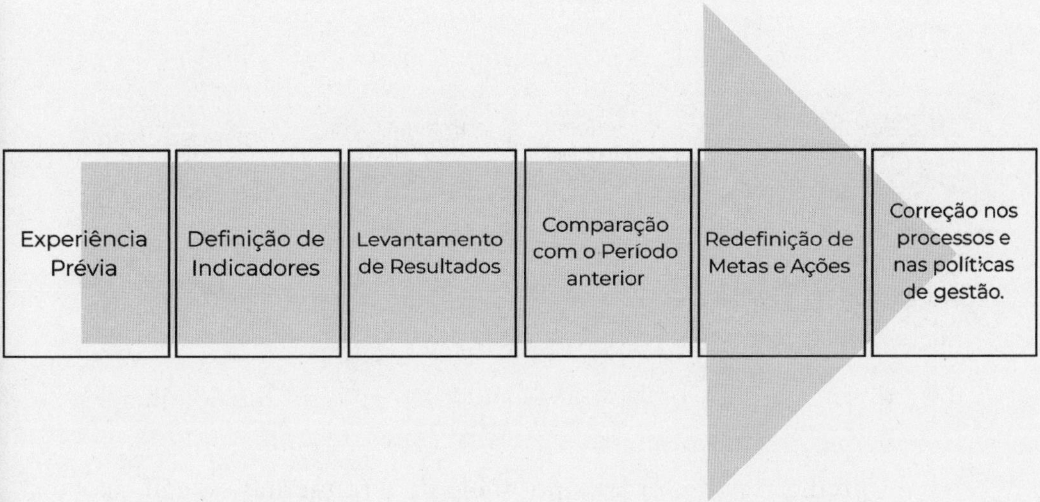

A essa altura você já deve ter se perguntado se uma pesquisa de clima poderia ser um indicador de SST. A resposta é sim, desde que ela aborde aspectos pertinentes a SST, já que, em princípio, a pesquisa de clima busca compreender os níveis de satisfação do colaborador. Contudo, para que possamos tornar estas informações um orientador de SST, é preciso que essa contemple esse tema na medida em que considere este um fator relevante de satisfação no trabalho.

Ações Preditivas e Preventivas

As ações preditivas têm por objetivo: identificar os riscos psicossociais possíveis no contexto organizacional (proatividade), agir de forma a antecipar os riscos, evitando-os e orientar e encorajar os colaboradores para uma vida mais saudável.

Figura 40

O que não é indicador de riscos psicossocial

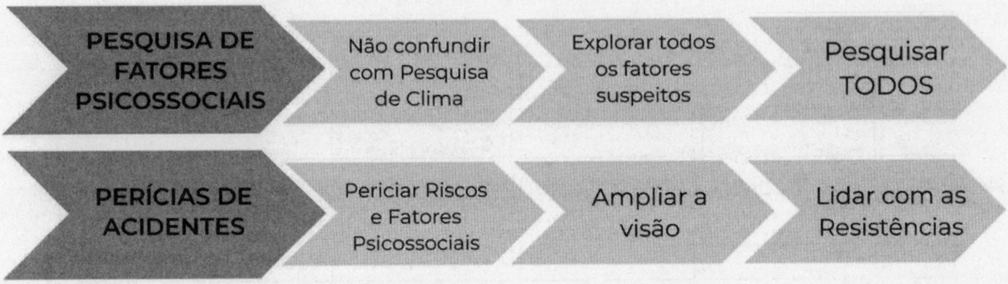

A predição pode ser feita por meio de ferramentas específicas que irão pesquisar ou investigar os riscos presentes na realidade profissional e pessoal de cada avaliado. Não é uma avaliação. Pode ser inserido na pesquisa de clima ou ainda ser pesquisado a parte por meio de uma ferramenta específica.

No entanto, é importante esclarecer a diferença entre pesquisa de clima e pesquisa de fatores de risco psicossocial. A primeira foca em satisfação e busca identificar intervenções que a empresa possa implantar para melhorar os índices de satisfação no trabalho com vistas a melhoria da produtividade e dos resultados.

Já a pesquisa de fatores de risco psicossocial implica em identificar aspectos do trabalho, do ambiente e da cultura que possam estar prejudicando a saúde mental do trabalhador, com vistas na prevenção de acidentes. Uma não substitui a outra, mas podem se complementar para favorecer a compreensão do que se passa com o público interno. Possuem em comum a necessidade de aplicação de uma ferramenta específica na totalidade do seu público ou em ao menos 60% deste.

Confundir essas duas práticas é frequente, mas o que pode evitar esse engano é ter em mente que os objetivos são distintos e o que vem depois também.

Figura 41

Diferenças entre as práticas

Pesquisa de clima	Pesquisa de fatores psicossociais
Foco em satisfação Aumentar a produtividade Objetivo: motivar Traz questões sobre salário, benefícios, possibilidade de carreira, de aprendizado, comunicação, liderança, entre outras	Foco em saúde e segurança Evitar acidentes e afastamentos Objetivo: evitar acidentes Traz questões sobre sobrecarga, cobranças, pressões, estresse, condições de trabalho entre outras

Alguns autores acreditam na necessidade de trabalhar com ferramentas cientificas especificas e já estudadas, que permitam uma validade mais segura dos resultados. Outros entendem que a aplicação de grupos focais e entrevistas dirigidas com uma amostra de cargos-chaves já seria suficiente para uma análise segura de resultados, que já apontariam para as necessidades de intervenção que trariam de volta sentimentos de satisfação e, até mesmo, de motivação, de modo a permitir maior produtividade.

A predição prepara as condições para a prevenção. Antecipar riscos permite a proatividade. Sempre é bom lembrar, é mais fácil e mais barato prevenir do que corrigir.

A **prevenção** é uma ação. Requer intervenção. É feita a partir dos resultados obtidos por meio da predição, mas também deve se apoiar em dados de acidentes e de afastamentos já ocorridos. As perícias podem contribuir grandemente para o planejamento das prevenções.

Os objetivos da prevenção são: assegurar que todos compreendem o impacto do estresse e sabem identificá-lo, desenvolver relacionamentos de transparência e confiança entre todos para que se forme a cultura de Gestão do Estresse e dos Riscos Psicossociais, construir uma política de Gestão do Estresse conhecida por todos.

O ideal é que as ações de prevenção sejam sustentadas por estratégias especificas, geradas por uma gestão de saúde mental alinhada ao plano estratégico da empresa. A prevenção não deve ser um meio, mas parte da visão e das ações de desenvolvimento.

Importante, ainda, que as ações de prevenção sejam realizadas entre RH e SST juntos, em parceria, sendo de objetivos de todos, gerando, assim, uma nova característica à gestão de pessoas – a saúde mental.

As ações que podem ser implantadas para a sensibilização ou, até mesmo, para a intervenção são muitas. A escolha da melhor técnica depende de alguns fatores, por exemplo, público-alvo, objetivo e como funciona a comunicaçã da empresa.

Quando se quer sensibilizar, palestras e campanhas costumam ter um bom resultado. Se o objetivo é corrigir alguma dificuldade já existente, os grupos de apoio podem funcionar bem. Já nos casos em que se quer uma intervenção mais profunda para capacitar e qualificar gestores e líderes, os grupos de conversa e a criação de comitês permitem um aprofundamento e uma consolidação mais eficente dos resultados desejados.

- Palestras sobre reeducação alimentar;
- Grupos de conversa;
- Comitês de qualidade de vida e saúde;
- Disponibilização de psicólogos e assistentes sociais;
- Campanhas para alertar da importância da saúde mental;
- Ginástica laboral;
- Palestras sobre a prevenção do estresse e ansiedade;
- *Biofeedback*;
- Renovação dos *layouts*;
- Grupos de apoio.

Sobre Perícia Psicossocial

Após os acidentes de trabalho ou quando ocorre um afastamento, uma perícia deve ser realizada com objetivo de apurar as causas do ocorrido e permitir ações de prevenção.

Esse não é um tópico muito animador em se abordar. Por quê? Porque ainda não é discutido, compreendido e tratado como deveria ser. Os Riscos Psicossociais ainda não são apontados como uma classe específica na classificação de riscos. Ainda aparecem timidamente dentro dos riscos ergonômicos como "outros fatores causadores de estresse físico e/ou psíquico."

Mesmo assim, sabemos o quanto os fatores psicossociais estão avançando na vida dos trabalhadores, provocando doenças, acidentes e ferindo pessoas. Os números de 2021, revelados pela Associação Internacional de Gerenciamento do Estresse – Brasil ISMA-Br), mostram que o estresse já atinge 70% da população ativa,

57,5% estão mais ansiosas e 26% mais deprimidas desde o início da pandemia. A Organização Mundial da Saúde (OMS) estima que os casos de depressão aumentaram em cerca de 90%, o número de pessoas relatando sintomas de crise de ansiedade e estresse mais que dobrou entre março e abril de 2020 (início da pandemia no Brasil). O resultado disso tudo se intensifica no ambiente de trabalho, em que se somam os riscos ocupacionais, sobrecarga, pressão, más condições de trabalho e exigências demasiadas.

Mais de cinco milhões de brasileiros foram afastados do trabalho entre 2012 e 2020. Somente no ano passado (2021), o número de acidentes graves foi 40% superior a 2019. Os dados são do Observatório de Segurança e Saúde no Trabalho em levantamento realizado pelo Ministério Público do Trabalho (MPT) e pela Organização Internacional do Trabalho (OIT) e pesam no orçamento das empresas, já que as despesas com Previdência Social são arcadas pelos empregadores (FIEP, 2021).

Desses dados que vem a questão – como os riscos psicossociais são investigados/pesquisados/avaliados após um acidente ou afastamento por doenças ocupacionais? Como é periciado a real causa dos acidentes para que a prevenção aconteça, se todas as perícias não abordam essa face da realidade? Não parece incoerente sabermos de estatísticas como essas e nada mudar na metodologia de perícia? Vamos responder de forma simples: medo, resistência ou negação.

Enquanto empresários e profissionais de SST negarem essa realidade, não saberemos o quanto os riscos psicossociais estão de fato adoecendo, ferindo ou matando trabalhadores. Toda a realidade negada abre condição para a omissão, a indiferença e a perpetuação do caos. Queremos isso? A ausência desse tipo de informação nos mantém na ignorância e esta, por sua vez, impede uma ação efetiva para lidar preventivamente com esse inimigo. Como afirmava Confúcio (479 a.C.), "Não corrigir nossas falhas é como cometer novos erros."

O Site Âmbito Jurídico, em sua revista de número 152 de 2016, já discutia essa questão, abordando a importância de uma maior amplitude de compreensão:

A perícia biopsicossocial já vem sendo aplicada nos casos de Benefício Assistencial de Prestação Continuada – BPC/LOAS e se trata de uma perícia complexa, onde o perito não se limita somente aos problemas de saúde ou problemas do corpo do segurado/trabalhador, mas também considera seus aspectos psicológicos e sociais. Com isso, surge a necessidade de uma perícia que vai além da simples constatação ou não de uma doença incapacitante. A incapacidade laboral do trabalhador pode sim decorrer da deficiência psicológica e/ou social (Âmbito Jurídico, 2016, ed. 152).

A Classificação Internacional de Funcionalidade (CIF) foi criada pela OMS para tratar da análise individual de cada ser humano, focando nas funções do corpo, nas estruturas do corpo, nas atividades e participação e nos fatores ambientais, porém, não contempla fatores psicológicos/psicossociais.

A participação do olhar do psicólogo traz a condição de uma percepção complementar por outro foco, dando condição de incluir fatores psicossociais, intervindo diretamente na saúde física, na capacidade laboral e na segurança do trabalhador.

Hoje, vemos relações desgastadas entre o médico perito e o periciado. O primeiro com a crença que o trabalhador quer tirar vantagem de forma indevida e o outro com uma ideia pré-concebida que seu pedido será negado. Os juízes reféns dos laudos e, portanto, sem a amplitude de informações que precisariam, sendo levados a decisões inconsistentes e, por vezes, discutíveis quanto a suas condições de fazer justiça e preservar a saúde do trabalhador.

No setor privado, o custo gerado por acidentes e doenças ocupacionais, no Brasil, é de R$ 72 bilhões por ano, o equivalente a quase 9% da folha salarial do País. Cabe lembrar que isso vai muito além, considerando o sofrimento de famílias e as vidas humanas prejudicadas ou perdidas.

De acordo com o MPT, há um impacto significativo no Produto Interno Bruto causado por doenças e acidentes de trabalho – considerando o PIB de 2020, são gastos cerca de R$ 300 bilhões todos os anos.

O perito Rodrigo Meister de Almeida cita outro desafio para os próximos anos:

O entendimento do empregador de que a área de SST é uma matéria tributária é essencial. Em paralelo, precisamos avançar rapidamente no estudo e pesquisa de medidas de controle para os riscos psicológicos dos trabalhadores. Já tivemos desafios semelhantes de ergonomia e LER, e dominamos com ciência e estudo. Agora, temos que fazer a mesma coisa com os riscos psicossociais do trabalho. (R. Meister de Almeida, 2020)

Portanto, é urgente uma metodologia de perícia acompanhada de legislação para averiguar os riscos psicossociais presentes nos acidentes e adoecimento para que essa realidade se torne, além de conhecida por números, administrada e prevenida a partir de ações efetivas.

CAPÍTULO 9

A Gestão da Saúde Mental

"A mais poderosa forma de criar e sustentar excelência e realização é liderar em harmonia com o espírito humano."
Bob Chapman

Só poderemos lutar contra um inimigo depois de conhecê-lo. Essa afirmativa se aplica também a gestão da saúde mental. Se quisermos um ambiente de trabalho saudável, com o mínimo de afastamento e acidentes, é preciso compreender como a saúde mental se apresenta na empresa e em cada setor – quais os elementos intervenientes da saúde mental?

Contudo, para isso, é preciso que se conheça essa realidade, falando sobre ela, conhecendo seus efeitos, entendendo como está presente no dia a dia de cada um, reconhecendo sua importância na vida de todos, seus impactos na saúde física, no trabalho e nos relacionamentos. No entanto, infelizmente, isso ainda é um tabu. Muitos casos de afastamento para tratar de saúde mental são subnotificados e, muitas outras vezes, os motivos são mascarados por causa de constrangimento, intimidação e medo de discriminação. Assim, as pessoas que tratam saúde mental preferem dizer que estão tratando de outros aspectos físicos por insegurança quanto à manutenção de seu emprego e de sua imagem. Sim, preconceito e discriminação impedem que a saúde mental seja vivida, tratada e reconhecida como algo comum e natural na vida de todos.

Pesquisas revelam como que os inúmeros tabus existentes nas organizações se apresentam, boicotando a gestão da saúde mental no trabalho.

Figura 42

Tabus que travam a gestão da saúde mental no trabalho

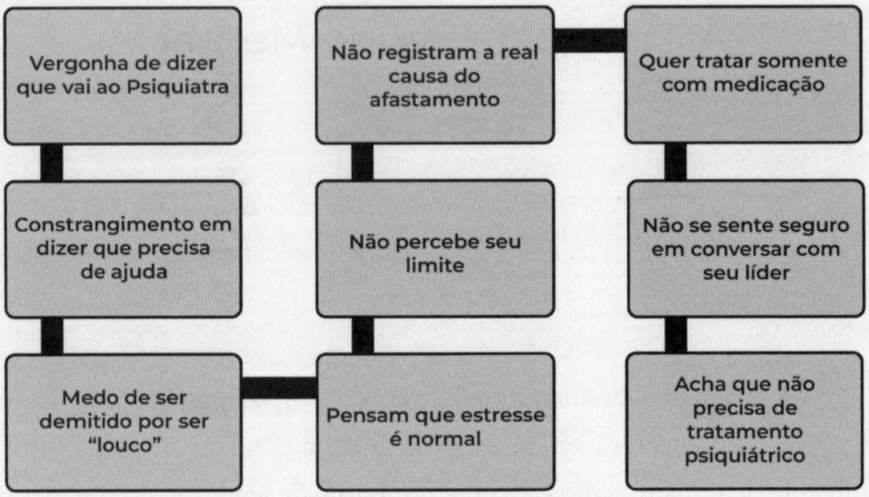

Desde o início da pandemia, podemos observar as fases de impacto a saúde mental e a atenção que cada uma delas requer. Na fase inicial, havia o medo da contaminação e uma tentativa de adaptação à nova realidade que se apresentava. A informação fundamental era de manter distanciamento, evitar aglomerações e lavar as mãos muitas vezes ao dia ou usar o álcool gel.

Na segunda fase, já havia a recomendação de ficar em casa, manter o isolamento social e, com isso, todo o custo emocional e psicológico que veio por consequência. Observamos o período de maior sofrimento psíquico, a falta de um padrão de resposta por se tratar de uma situação sem precedentes e, assim, quando a possibilidade de formação de transtornos mentais se intensificou: ansiedade, depressão e estresse.

Figura 43

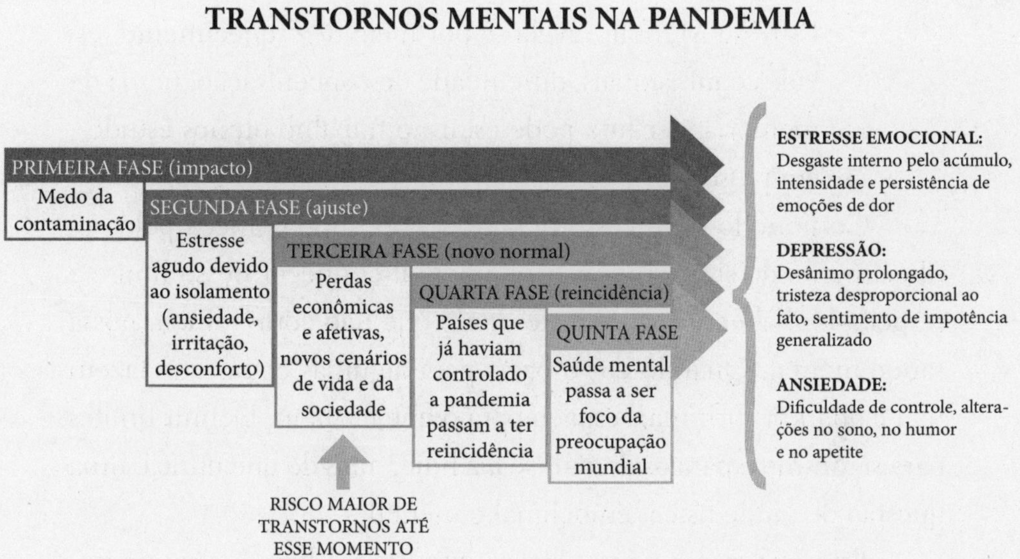

Todas as questões referentes à gestão de saúde, muito antes de chegar no trabalho, começam em casa. É preciso que se desenvolva o hábito da autogestão e do autocuidado, sendo esta uma das grandes lições provenientes do cenário pandêmico.

É importante analisar como as pessoas estão compreendendo seu estresse e, mais do que isso, o quanto são capazes de reconhecer e assumir seu desgaste. Somente a partir disso, o indivíduo será capaz de buscar o autocuidado. Muitas vezes, as pessoas negam suas reais necessidade por dificuldade de assumir sua vulnerabilidade e, por esse motivo, deixam de cuidar de sua saúde. Outras vezes, pode ocorrer a banalização do estresse e, portanto, o desconhecimento do quanto de fato precisam de ajuda.

- Estresse Físico: trata da sobrecarga de trabalho, horas extras, acúmulo de atividades domésticas, falta de descanso.

- Estresse Emocional: indica super sensibilidade, dificuldade de se manter em equilíbrio, motivado e produtivo. Se caracteriza pelo desânimo, tristeza persistente e baixa energia.
- Estresse Mental: revela-se por meio de esquecimento, estados confusionais, dificuldade de concentração, perda de memória. A causa pode estar no trabalho ou nos estudos, em pessoas que se dedicam excessivamente a este.

Como todo o processo de autogestão, tudo começa pelo conhecimento de si mesmo. É fundamental conhecer nosso limite e respeitá-lo. Saber até onde ir de modo que não comprometa nossa saúde mental. Quando dar o basta para algumas coisas que fazem mal e quando abrir mais espaço para o que faz bem. Definir limites para si mesmo e para os demais se faz hoje, mais do que nunca, uma questão de saúde física, emocional e mental.

Priorizar o que é essencial, o que lhe faz bem e o que é imprescindível são parte do processo de gestão do estresse. Essas prioridades devem ser definidas a partir do que realmente é imprescindível para esse momento, porém tendo sempre em vista seus limites, possibilidades e sua saúde!!

Tenha alguém de sua confiança com quem conversar. Falar, ser ouvido e compreendido é de extrema importância para a gestão do estresse e da saúde. Lembre-se que o que é estressante para você, para outro pode não ser. Dividir emoções, pensamentos, dores e, inclusive, tarefas com seus colegas é parte de uma atitude sábia e madura.

Gestão do estresse implica, portanto, reconhecer o que lhe faz mal, o que desencadeia a ansiedade e, logo, o que deve ser evitado. Do mesmo modo, que é importante buscar caminhos geradores de ânimo, otimismo e uma postura mais saudável diante da vida.

- Observe a si mesmo;
- Defina seus limites – aprenda a dizer *não*;

- Estabeleça prioridades;
- Converse, fale, abra-se;
- Divida seu trabalho.

Perceber a evolução do estresse requer que se fique atento a quatro áreas que são imediatamente atacadas: cognição, comportamento, emoção e saúde. Inicia-se com um cansaço que não cessa. Não basta dormir e descansar – a sensação de fadiga persiste. Nossa mente cansada passa a ter dificuldade de lembrar de informações, custa a assimilar novas informações, concentrar-se, fazer cálculos de cabeça, por exemplo, pode se tornar difícil, quando em outros tempos isso acontecia com facilidade.

Emocionalmente, observa-se menos tolerância, facilidade em se irritar, reações agressivas por motivos irrisórios, ansiedade que, por vezes, não consegue controlar e oscilações de humor.

Em decorrência dos sintomas cognitivos e emocionais, existem implicações comportamentais. O indivíduo se torna pouco acessível às demandas de terceiros e, por esse motivo, pode buscar o isolamento. Conflitos podem acontecer, hábitos nervosos, atitudes de negligência, atrapalhações, desorganizações e indisciplina são comuns ao sujeito estressado e, por consequência, a saúde física se ressente, gerando ausências prolongadas, afastamentos mais frequentes, perda de imunidade e, inclusive, possibilidade de acidentes de trabalho.

Estratégias de Resiliência

Ao falarmos em "estratégias de resiliência", falamos de algo que envolve nossa capacidade cognitiva, ou seja, de que maneira planejamos incluir a resiliência em nossa vida? Isso depende de nossa capacidade de aprender sobre tudo que vivemos, extrair lições, refletir, criar hábitos, revisitar valores e repensar crenças e conceitos e ressignificar nossas vidas. Passa por saber lidar com os processos de mudança, como sendo transformador e gerador de maior qualidade de vida para todos, pensando também no bem comum. Ainda conhecer suas reações, suas emoções, impulsos, o que lhe faz mal para, assim, administrar sua vida interna com condução, controle e gestão sobre si mesmo.

Diante das demandas atuais de pandemia e de seu custo emocional, a Resiliência passa a ter ainda mais significado e relevância se pensarmos não apenas em qualidade de vida e bem-estar, mas em saúde mental. Resiliência é compreendida como sendo a capacidade de nos adaptarmos a situações adversas com o mínimo de sofrimento, mantendo o equilíbrio e estabilidade emocional.

Estratégias de resiliência:

1. Aprender coisas novas a partir do que já foi vivido;
2. Desenvolver bons relacionamentos baseados em confiança;
3. Lidar com as mudanças de forma inteligente e aberta;
4. Gerir melhor suas emoções, evitando o acúmulo de angústias e preocupações.
5. Acreditar na sua capacidade de êxito.
6. Preferir o relacionamento com pessoas que tragam bem-estar e alegria.
7. Planejar de forma realista e prevenir problemas
8. Procurar ser otimista diante dos problemas de forma a buscar soluções com segurança.
9. Entender que mudanças são parte da vida e são necessárias para nossa evolução.
10. Não procrastinar, lidar de frente com seus problemas.
11. Valorizar suas conquistas e celebrar seus bons momentos.

12. Não acumular mágoas ou sentimentos ruins. Falar, conversar e esclarecer.

13. .Desviar pensamentos negativos e retomar o foco otimista.

SINTA-SE SEMPRE MERECEDOR DE COISAS BOAS EM SUA VIDA!!

A resiliência pode ser ainda compreendida no ambiente psicossocial como um importante protetor de saúde mental e condutor de todo processo de amadurecimento emocional. Significa ser capaz de aprender, crescer e se fortalecer emocionalmente diante das adversidades, extraindo lições e agregando autoconfiança para o enfrentamento de novos desafios.

Para as organizações, as pessoas resilientes são mais focadas em resoluções, possuem maior autoestima, tendem a buscar o sucesso com maior motivação e se engajam com os propósitos organizacionais.

Portanto, não se trata apenas de uma *soft skills* da moda, mas de um ingrediente poderoso capaz de proteger pessoas e negócios para lidar com um mundo de adversidades e repleto de desafios diários.

Dimensões e Diferenças

É importante o discernimento entre o que significa cansaço, quando já se tornou estresse e em que ponto se considera um *Burnout* ou Síndrome de Esgotamento.

Quando o cansaço pode ser resolvido com uma noite de sono, ou seja, tem uma solução fácil e rápida, trata-se de cansaço, ou seja, não é acumulativo. É um desgaste pontual que, após uma noite de sono, está resolvido. Porém, quando se percebe que uma noite de descanso já não basta ou, ainda, quando o sono não é reparador, e o indivíduo sente que já acorda cansado, nesse caso, temos, então, um quadro de estresse.

Porém, quando o estresse persiste, sem tratamento, e as demandas estressoras são crescentes, passamos, então, a ter uma possibilidade do sujeito se encaminhar para o *Burnout*. Nesse caso, o indivíduo ultrapassa todos os seus limites, compromete sua saúde e todas as funções mentais e precisa de afastamento para tratamento psiquiátrico.

É preciso e urgente discernir o que é aceitável e/ou normal e o que é alteração ou mesmo transtorno. Por exemplo, é importante distinguir e ser capaz de compreender que tristeza não é depressão e que depressão não é carência afetiva ou tentativa de chamar atenção. Trata-se de compreender que tristeza é uma emoção natural e comum a todos nós quando estamos diante de um luto, uma perda ou frustração. Deve ser vivida com respeito, aceitação e reflexão, trazendo aprendizado sobre a vida e autoconhecimento. Será passageiro e não deve deixar danos ao funcionamento psíquico.

Já a depressão não será passageira. Não é natural e nem comum. Pode durar muito tempo e gerar sofrimento maior que os fatos e prejuízos à saúde emocional. Trata-se de uma doença, deve ser tratada como tal por um especialista.

Do mesmo modo, a ansiedade é natural e comum a todos. Diante de ameaças, de fatos desconhecimentos ou riscos, experimentamos um sentimento de tensão ou de apreensão referente às consequências de algo, medo, insegurança ou a uma preocupação específica.

No entanto, caso se torne persistente e intensa, sem que o indivíduo encontre meios de lidar e controlar essa tensão, pode ocorrer a formação de um transtorno de ansiedade e, nesse caso, requer diagnóstico específico e tratamento com profissional especializado.

Essas dimensões permitem ao gestor compreender e discernir o que representa normalidade e o que requer atenção e ajuda especializada. Havendo essa clareza, o gestor poderá encaminhar seu colaborador ao RH ou diretamente ao especialista.

Assim, devemos compreender o medo, como sendo uma emoção simples e básica que existe para nos proteger e nos defender diante de qualquer possível ameaça, desencadeando um comportamento seguro acionado por nosso instinto de autopreservação.

Já a Síndrome do Pânico se apresenta na forma de crises passageiras, com sintomas físicos (suor, tremor, taquicardia), referente a um medo irracional e exagerado, associado ao um pensamento catastrófico (medo de morrer). Do mesmo modo, requer diagnóstico e tratamento especializado.

Finalmente, uma pessoa com variações de humor não significa que seja bipolar. Variar o estado de humor também é normal. Já a bipolaridade pede por um diagnóstico específico que se constrói a partir da observância de uma série de sintomas, por exemplo: desorganização com tudo (carro desarrumado, armários desorganizados, dinheiro mal administrado, ansiedade, falta de concentração, indisciplina, impontualidade, entre outros). Exige tratamento com especialista.

O que melhor define o limite entre a saúde e a doença é a duração do desconforto, sua intensidade e a crença que o sustenta. O desconforto pode ser a ansiedade, o medo, a tristeza ou o desânimo. Enfim, tudo que possa estar drenando a energia vital e trazendo consequências para a saúde física e, até mesmo, para o andamento de sua vida diária.

A duração aponta para o tempo, ou seja, se esse desconforto vem persistindo, insistindo e se instalando como algo permanente na rotina e nos dias que se passam. A intensidade revela se esse desconforto é pesado e forte a ponto de dominar o indivíduo ou, ainda, se oscila por níveis intensos e médios, prejudicando o autocontrole e o bem-estar. A sustentação trata da crença que valida a ideia e que dá origem a desconfortos, por exemplo: tenho medo de sair de casa, porque acho que vou morrer pelo vírus. A certeza de que "vou morrer se sair de casa” é a crença que sustenta o medo e a ansiedade. Se mostra arraigada a uma formatação rígida que impede a relativização da informação, originando o pânico.

Tabela 2

Distância entre saúde e doença

NORMALIDADE	ALTERAÇÕES
MEDO, uma emoção saudável a importante para a segurança.	PÂNICO, se caracteriza pelo pensamento catastrófico e medo de morrer. Pode ter fantasia.
TRISTEZA, uma emoção natural que traz aprendizado.	DEPRESSÃO, uma doença que precisa de tratamento e que prejudica a pessoa em todas as áreas de sua vida.
ANSIEDADE, uma resposta a estímulos que pode trazer motivação e produtividade.	TRANSTORNO DE ANSIEDADE, quando a ansiedade se torna incontrolável e afeta a vida e a saúde física.
VARIAÇÕES DE HUMOR, natural em todos os seres humanos e que ocorre pela variação das situações.	BIPOLARIDADE, traz outros sintomas como a irritabilidade, reações exageradas, desorganização e requer tratamento psiquiátrico.

É importante não vulgarizar ou popularizar transtornos emocionais, atribuindo às pessoas rótulos que podem ser precipitados e causar discriminações. Em caso de preocupação, cabe ao gestor encaminhar a pessoa a um atendimento adequado, no qual ela possa ser corretamente diagnosticada e tratada de acordo com suas necessidades.

Figura 44

A distância entre a saúde e o transtorno

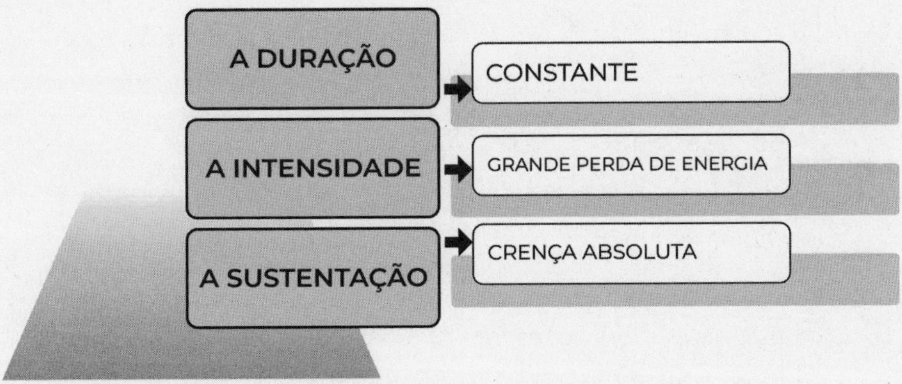

Portanto, estaremos diante de problemas mentais importantes quando houver crenças ilusórias, arraigadas em fantasias, que geram sintomas contínuos e com intensidade cada vez mais intensas.

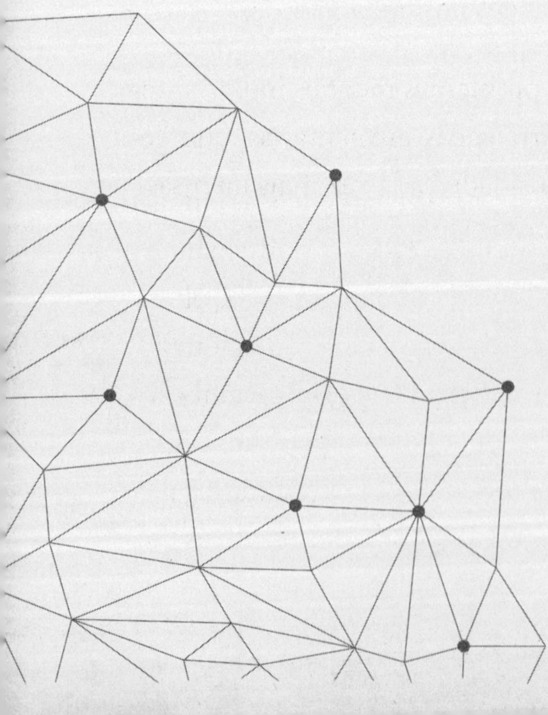

CAPÍTULO 10

Intervenções Psicossociais

" A mão que fazem valem mais que os lábios que rezam."
Madre Tereza de Calcutá

Segundo a Organização Mundial da Saúde (OMS), o ambiente psicossocial do trabalho inclui a cultura organizacional, ou seja, suas atitudes, valores, crenças e práticas cotidianas, que afetam o bem-estar mental e físico dos trabalhadores.

A Organização Internacional do Trabalho (OIT) esclarece que há dois atores psicossociais:

1. As interações entre o conteúdo do trabalho e condições ambientais e organizacionais.
2. As competências e necessidades dos trabalhadores.

As Intervenções Psicossociais tratam de abordar no ambiente de trabalho, de forma preventiva ou corretiva, os Riscos Psicossociais causadores de sofrimento emocional.

Possuem regras e são conduzidas por um especialista, em alguns casos, uma temática específica. Durante estas, os participantes trazem sua vivência e experiência diante de acontecimentos objetivos, expressando suas reações subjetivas, cognitivas e emocionais. Podem ser conduzidas por psicólogos, assistentes sociais ou ambos.

A escolha da melhor abordagem dependerá da cultura organizacional, ou seja, o quanto esta estará disponível a abrir fóruns de intervenção sobre a saúde mental do trabalhador e dos objetivos de entrar com uma intervenção, lembrando que esta sempre deverá estar embasada em indicadores previamente definidos e analisados.

Em muitos casos, será preciso que a organização se sensibilize sinceramente sobre os objetivos da intervenção, evitando que gere expectativas que não serão atendidas. O apoio dos lideres de nivel estratégico é importante para que haja seguimento na implantação e no sucesso dos resultados. No entanto, sabe-se que este tipo de trabalho muitas vezes surge da base operacional local que em que as demandas aparecem mais facilmente e com maior frequência. Nesses casos, cabe buscar apoio em alguns lideres e levar ao nivel estratégico, procurando sensibilizar e promover uma maior consciência sobre a importância da saúde mental para que haja produtividade e a rentabilidade para o negócio.

Depende também do objetivo da intervenção. Cada tipo de intervenção se propõe a atender finallidades especificas, com isso terão metodologias específicas. Dessa forma, produzirão os resultados que se busca para atender aos indicadores, incialmente, identificados.

Devo destacar que a escolha da intervenção mais conveniente irá garantir a continuidade dos trabalhos e poderá contribuir para promover a renovação cultural necessária à saúde organizacional. Caso essa escolha não seja adequada, os resultados poderão ser desastrosos, gerando resistência e comprometendo ainda mais a construção de condições favoráveis ao bem-estar do trabalhador.

É preciso o remédio certo na dose certa. Quero dizer, com isso, que uma intervenção equivocada pode causar ainda mais sofrimento, conflitos, medo e inseguranças. Seria a contramão do que se busca. Para acertar nessa dose, é fundamental muito cuidado, muita sensibilidade e atenção a tudo que está em jogo: hábitos, crenças, valores, conceitos, padrões e - principalmente – pessoas.

É mais prudente ir aos poucos, com cuidado, avaliando resultados a cada passo, do que precipitar com projetos ambiciosos e grandiosos, colocando em risco o propósito maior.

Existem algumas formas de intervenção específicas, por exemplo:

- Abordagem Individual;
- Atendimento Psicossocial;
- *Debriefing* Psicológico;
- Abordagem Grupal;
- Rodas de Conversa;
- Grupos de Apoio;
- Grupo de Gestores;
- Treinamento em Riscos Psicossociais.

Antes de tudo, é preciso identificar qual tipo de ajuda/abordagem/intervenção seria mais adequado. Esse trabalho pode e deve ser realizado em times multidisciplinares. Os gestores podem apontar quem são as pessoas que, segundo seus critérios, precisam de algum apoio além daquele já realizado no dia a dia. Assim, outras áreas orientadas ao bem-estar do trabalhador:

- Junto aos profissionais Rh – identificando quem vem tendo dificuldades de desempenho;
- Junto aos profissionais de SST – identificando colaboradores acidentados ou com dificuldade de atenção às normas de segurança;
- Junto à Saúde Ocupacional – identificando os afastados e suas causas;
- Junto aos Gestores – identificando aqueles com problemas relacionais ou dificuldades na conduta/desempenho.

É fundamental ter clareza sobre qual público será abordado antes de escolher uma metodologia de intervenção e ter em mente que os temas abordados dependem disso.

Podemos começar pela base, ou seja, o público envolvido diretamente nas operaçõe e que, além dos riscos psicossociais, expõem-se aos riscos das atividades críticas, por exemplo, operadores de máquinas, técnicos em manutenção, brigadistas, mineradores, operadores petroquímicos, eletricistas, motoristas.

Dependendo das necessidades, as intervenções podem ter início por meio de líderes/gestores quando as necessidades de orientação, de alinhamento e de transformação no modelo de gestão se mostrem evidentes.

Ainda é possivel que se formem grupos para intervenção psicossocial definidos por setor ou ainda grupos mistos. Cabe a um grupo de profissionais de RH, SST e Saúde Ocupacional, juntos, definirem quem seriam, quais objetivos e como seria conduzido. Um trabalho piloto, inicialmente, pode permitir ajustes e as adaptações necessárias para que se aperfeiçoe o trabalho e se otimize os resultados desejados.

Atendimento Psicossocial

De modo geral, os atendimentos psicossociais surgem com o objetivo de minimizar o sofrimento emocional do trabalhador, de modo a permitir uma melhor orientação e organização no trabalho e na vida cotidiana. Trata-se, portanto, de uma abordagem emergencial, de primeiros socorros psicológicos que facilite a condução do indivíduo frente a sua vida, considerando que vivemos em um mundo de intensas e rápidas transformações que exigem uma maior capacidade de adaptação e ajuste.

Vários podem ser os objetivos do Atendimento Psicossocial:

- Apoiar e oferecer cuidado práticos não invasivos;
- Avaliar necessidades e preocupações;
- Ajudar as pessoas a suprir suas necessidades básicas (por exemplo, acesso à saúde e ao transporte);

- Escutar as pessoas, sem pressioná-las a falar;
- Confortar as pessoas e ajudá-las a se sentirem calmas;
- Ajudar as pessoas na busca de informações, serviços e suportes sociais;
- Proteger as pessoas de danos adicionais.

Por fim, cabe lembrar que é necessário identificar quais profissionais especialistas devem estar disponíveis e devidamente treinados para estarem capacitados a conduzir tais intervenções. É preciso que possuam embasamento teórico e conhecimentos nos temas relativos à gestão de pessoas e ao desneovimento humano. Em geral, psicólogos e assistentes socias contribuem significativamente na condução desse tipo de intervenções.

Os conteúdos desse tipo de intervenção podem variar de acordo com as demandas e a politicas da empresa.

Conteúdos possíveis:

- Luto no trabalho: pessoas enlutadas em decorrência da perda de colegas, líderes ou de familaires e com dificuldade de elaboração. Destaca-se, aqui, situações de violencia doméstica ou criminalidade;

- Medo e Pânico: trabalhadores que possam estar apresentando algum medo incomum que possa prejudicar na sua produtividade e adaptação ao trabalho;

- Desadaptação e disfuncionalidade: para aqueles que, por motivos variados (acidentes, afastamentos, pandemia, entre outros), possam estar sofrendo dificuldades em se reinserir e readaptar-se ao trabalho e ao seu grupo;

- Descontrole Emocional: apenas para um atendimento emergencial e que necessite, posteriormente, de tratamento psicológico;

- Ansiedade: para ampliar o autoconhecimento e facilitar a autogestão na busca por maior adaptabilidade;

- Estresse: para aqueles que necessitam estabelecer limites e desenvolver a gestão do estresse;

- Depressão: orientar para a busca de ajuda e tratamento, além da aceitação da depressão como doença;

- Ausência de Perspectiva Futura: no sentido de retomar a construção de planos, sonhos e metas para sua vida pessoal e/ou profissional.

QUEM PODE PARTICIPAR?

- Pessoas que estão vivendo forte sofrimento emocional, com dificuldade de assimilação dos fatos e adaptação à realidade;

- Pessoas que estejam tão abaladas a ponto de não conseguirem cuidar de si ou dos próprios filhos;

- Pessoas que podem ferir a si mesmas;

- Pessoas que podem ferir outras pessoas.

QUANTOS ATENDIMENTOS?

- De 3 a 4 atendimentos individuais, com cerca de 1h de duração cada.

ONDE DEVE ACONTECER?

- Nas dependências da empresa.

COMO CONDUZIR?

- Aproxime-se respeitosamente e ofereça sua ajuda;

- Ajude-lhe a ficar a vontade e segura;

- Peça que descreva os fatores causadores de sofrimento;

- Ajude-lhe a identificar suas prioridades. Sua rede de apoio;

- Falar sobre os sentimentos experimentados;

-Provocar reflexão (pensar no que sente) para compreensão de suas reações emocionais;

- Orientar para a aceitação da dor e dos sentimentos. Identificar como superaram outras situações do passado;

- Identificar os aprendizados e as lições possíveis do fato estressor. O que a faz sentir bem?

- Orientar sobre ações e informar dados relevantes a condução de sua adaptação a realidade ou ainda sobre o que pode ser feito para seu bem-estar. Sugestões práticas.

Debriefing Psicológico

O D*ebriefing* Psicológico é uma intervenção breve realizada nos primeiros dias após um evento traumático. É uma abordagem menos comum e só se aplica a casos de atendimento emergencial como em casos de desastres e tragédias. São atendimentos breves e, em muitos casos, um único atendimento apenas para o encaminhamento posterior.

Em um *debriefing*, colegas que viveram algo juntos ou mesmo desconhecidos que passaram por alguma situação semelhante formam um grupo que é coordenado por um profissional.

O objetivo é gerar um espaço de apoio intergrupal para as pessoas que estão vivendo ou viveram coisas parecidas e prevenir transtornos mentais, aliviar a carga emocional acumulada por trás da vivência.

Esse espaço funciona como um lugar para se expressar de forma segura, para expor todos aqueles sentimentos, pensamentos e reações que surgiram com o acontecimento.

Inspirado no Guia da OMS para fornecer os primeiros cuidados psicológicos, que envolvem assistência humana e de ajuda prática para apoiar indivíduos que sofreram sérias situações de crise.

O guia fornece diretrizes básicas para que as pessoas que prestam assistência respeitem a dignidade, a cultura e as habilidades das pessoas assistidas. Apesar do nome, os primeiros cuidados psicológicos (PCP) incluem tanto apoio psíquico quanto o social, sendo uma alternativa à entrevista psicológica que é feita com as pessoas afetadas logo após a ocorrência de evento traumático, chamada de "*debriefing* psicológico".

Grupo de Gestores

Objetivos:

Orientar gestores sobre riscos psicossociais;

Desenvolver para as competências socioemocionais (*coaching*);

Apoiar frente alguma situação estressora específica;

Promover transformação cultural.

Condução:

Cerca de 2hs de duração;

Grupos mistos (setores diferentes);

Com conteúdo sendo definido por cada grupo;

Pode ser usado técnicas específicas;

RH deve participar.

A escolha do tipo de abordagem dependerá apenas das necessidades observadas e, portanto, da definição dos objetivos.

É muito importante que se utilize algum tipo de ferramenta para levantar as necessidades a serem abordadas, seja uma simples entrevista exploratória, uma perícia pós-acidente ou no retorno de um afastamento, questionários de avaliação de riscos psicossociais ou mesmo a própria avaliação psicossocial. Essa clareza é essencial para o discernimento.

Outro aspecto a destacar é que as pessoas devem ser convidadas, jamais intimadas. É preciso que o trabalhador de fato se sinta motivado e não aceite, em hipótese alguma, seu sofrimento como algo banal, normal ou suportável.

Essa formatação de intervenção atende com eficiência a situações de pessoas que estão retornando de um afastamento por motivos de saúde mental ou de acidente de trabalho.

É conduzido tendo como centro das discussões algum evento estressor específico, que pode ser o afastamento em si (a doença que foi tratada ou ao acidente de trabalho). No entanto, podemos aplicar a mesma técnica para tratar das dificuldades vividas a partir da pandemia e de suas repercussões sobre a saúde mental de todos.

Figura 45

Temas de um grupo de apoio

O grupo de apoio funciona da seguinte forma:

OBJETIVO: deve ser focado em uma situação específica, visando à readaptação e à melhor assimilação dos fatos ocorridos, tendo em vista a saúde mental.

PÚBLICO: todos os envolvidos no evento estressor.

CONTEÚDO: o evento em si e todo conteúdo cognitivo e emocional referente a este.

DURAÇÃO: no máximo 1h30.

QUEM PODE PARTICIPAR?

Vítimas de acidentes, afastamentos ou qualquer evento traumático.

QUANTOS ENCONTROS?

De 3 a 4 atendimentos grupais.

ONDE DEVE ACONTECER?

Nas dependências da empresa.

SOBRE A CONDUÇÃO:

Esclarecer objetivos (o que é e o que não é);

Contrato de sigilo e ética – respeito ao outro;

Realizar as apresentações e expectativas;

Indagar sobre o motivo em estar ali (evento);

Promover atividades de autoconhecimento e reflexão;

Lições Aprendidas.

Adaptabilidade – O que mudar? O que passar a fazer?

Terminar com um "tema de casa".

Nos demais encontros (exemplos):

Exercícios de Resiliência;

Exercícios de Autogestão;

Exercícios de Empatia;

Exercícios de Amabilidade ou Engajamento.

Os grupos de apoio são a prática mais comum e adequada a trabalhadores que passaram por acidentes de trabalho. Nesse caso, o aprendizado deve ser uma meta. Extrair lições que gerem mudanças de comportamento. Mudanças entendidas como relevantes e urgentes com vistas a prevenir outros acidentes.

Outro aspecto a destacar aqui é que o grupo deve se apoiar mutuamente, ou seja, o evento estressor abordado diz respeito a todos. São pessoas que convivem e o bem-estar de um afeta o outro.

O condutor deve estar atento a possíveis conflitos para preveni-los, estimulando, por outro lado, a cooperação, a empatia e a solidariedade em lugar da competição, do julgamento e da individualização.

Rodas de Conversa

OBJETIVO: estimular a expressão de sentimentos, emoções e pensamentos, visando gerar e orientar para uma vida mais saudável do ponto de vista da saúde mental.

PÚBLICO: colegas do mesmo setor ou de setores pares.

CONTEÚDO: aberto a ser definido pelos participantes.

DURAÇÃO: no máximo 1h30.

Figura 46

Temas de uma roda de conversa

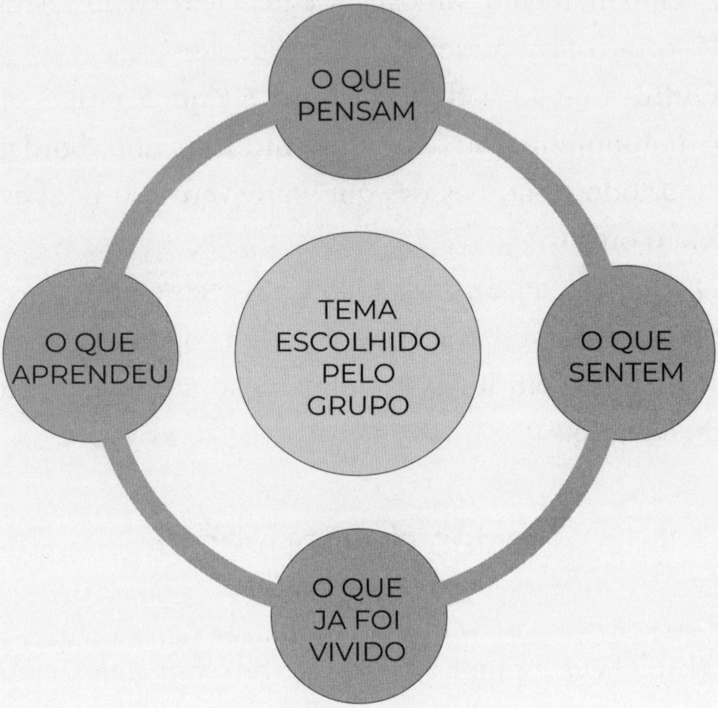

QUEM PODE PARTICIPAR?

Quem desejar um espaço para conversar sobre suas dificuldades relacionais ou emocionais.

QUANTOS ENCONTROS?

De 3 a 4 atendimentos grupais.

ONDE DEVE ACONTECER?

Nas dependências da empresa.

CONDUÇÃO:

1. Esclarecer objetivos (o que é e o que não é).
2. Contrato de sigilo e ética – respeito ao outro.

3. Realizar as apresentações e expectativas.

4. Indagar sobre o motivo de estar ali (evento).

5. Acordar uma temática a ser tratada nos encontros.

6. Qual sua relevância? O que motivou escolher esse tema?

7. Sugerir que cada um estabeleça suas metas pessoais para serem alcançadas ao longo dos encontros.

8. Estimular a reflexão acerca de seus valores pessoais.

9. Terminar com um "tema de casa".

Nos demais encontros:

- Pandemia – Ganhos e Perdas;
- Aprendizagem e Transformação;
- Exercícios de Empatia;
- Exercícios de Adaptabilidade e abertura ao Novo.

Treinamento Psicossocial

Trata-se de uma sensibilização em nível mais profundo que estimule para a construção de um novo propósito para a gestão das pessoas e para as lideranças no exercício de seu papel educador, ou seja, uma ação educativa que revisita as atitudes e posturas existentes nos gestores e colaboradores.

Porém, para a construção de novos comportamentos, é imprescindível começar por um trabalho de base – valores e atitudes. É preciso um reencontro sobre o fundamental, ou seja, o que todos nós queremos? Ser amado, aceito e valorizado.

O objetivo é preparar, sensibilizar e capacitar os colaboradores a pensar e agir de acordo com os valores e crenças adotados pela organização. Quando esse conjunto de valores e crenças estão sendo revistos e atualizados estamos diante do início de uma sensibilização para a transformação cultural.

Participantes: trabalhadores da linha de frente, gestores, profissionais de RH e de SST.

Duração: de 4 a 6 meses.

Metodologia: jogos, vivências, exercícios de reflexão e de introspecção, temas inspiracionais, ferramentas de *coaching*, dinâmicas de grupo.

Segundo a Organização Mundial da Saúde (OMS), o ambiente psicossocial do trabalho inclui a cultura organizacional, ou seja, suas atitudes, valores, crenças e práticas cotidianas, que afetam o bem-estar mental e físico dos trabalhadores.

A Organização Internacional do Trabalho (OIT) esclarece que há dois atores psicossociais:

1. As interações entre o conteúdo do trabalho e condições ambientais e organizacionais.

2. As competências e necessidades dos trabalhadores.

Conteúdos Possíveis para o treinamento:

- Organização do trabalho deficiente (problemas com a demanda de trabalho, pressão com relação ao cumprimento de prazos, flexibilidade nas decisões, recompensa e reconhecimento, apoio dos supervisores, clareza do trabalho, concepção do trabalho, comunicação deficiente);

- Cultura organizacional (falta de políticas, normas e procedimentos relacionados à dignidade e ao respeito com todos os trabalhadores, ao assédio e à intimidação, à discriminação de gênero, à estigmatização devido à condição relacionada ao HIV, à intolerância à diversidade étnica ou religiosa, à falta de apoio a estilos de vida saudáveis);

- Estilo de gestão de comando e controle (ausência de consultas, negociações, comunicação recíproca, feedback construtivo, gestão do desempenho de forma respeitosa);

- Falta de apoio para um equilíbrio entre vida profissional e familiar.

Pessoas Felizes & Organizações Prósperas

Pode parecer romantismo e, até mesmo, ingenuidade acreditar na possibilidade de ter as pessoas felizes no trabalho. Em um mundo competitivo, no qual o capital ainda impera e as pessoas não encontram escolha a não ser de se submeter ao alto custo mental e emocional que o trabalho exige, pode parecer ilusão pensar nessa combinação: pessoas felizes em organizações prósperas. Afinal, uma empresa só terá sucesso se extrair o máximo de seus funcionários e isso implica em sobrecarga, pressão e estresse.

Porém, diante disso tudo e por causa disso tudo, acredito que as organizações inteligentes e que sabem aprender já estão compreendendo que prosperidade só é possível com saúde organizacional e esta, por sua vez, só é possível com pessoas felizes.

Porém, não precisa acreditar em mim, apenas acreditem nas pesquisas realizadas por cientistas renomados de universidades consagradas ou mesmo nos dados já conhecidos revelados por empresários, líderes e gestores.

Empresas como Google, Amazon e Netflix mostram suas práticas e demonstram de que forma conduzem sua cultura para promover um ambiente mais que sustentável, um ambiente FELIZ para seus colaboradores.

A Netflix, considerada uma das melhores culturas organizacionais do mundo, construiu sua cultura de forma intencional e consciente.

Eles acreditam que os valores da empresa não são necessariamente aquelas declarações de missão ou declarações de valor vigorosas que ficam penduradas no saguão de um escritório ou são exibidas em um site corporativo.

Em vez disso, eles acreditam que "os valores reais da empresa são os comportamentos e habilidades que são valorizados nos colegas de trabalho".

A Netflix descreve como nove comportamentos e habilidades que procuram nos colegas (e quem são as pessoas que são contratadas e, em última análise, promovidas):

Julgamento

- Você toma decisões sábias (pessoas, técnicas, negócios e criativas), apesar da ambiguidade.
- Você identifica as causas básicas e vai além do tratamento dos sintomas.
- Você pensa estrategicamente e pode articular o que você está e não está tentando fazer.
- Você separa de forma inteligente o que deve ser bem-feito agora e o que pode ser melhorado mais tarde.

Liberdade + Responsabilidade = Sucesso + Felicidade

A premissa básica por trás da cultura corporativa da Netflix é supostamente sobre ser honesto e tratar as pessoas como adultos. Pressupõe ausência de controles e centralização, dando lugar a transparência e comprometimento.

Comunicação

- Você escuta bem, em vez de reagir rápido, para entender melhor.
- Você é conciso e articulado em seu discurso e redação.
- Você trata as pessoas com respeito, independentemente de seu status ou discordância com você.
- Você mantém uma postura calma em situações estressantes.

Paixão

- Você inspira outros com sua sede de excelência.
- Você se preocupa intensamente com o sucesso da Netflix.
- Você comemora vitórias.
- Você é tenaz.

Impacto

- Você realiza uma quantidade incrível de trabalhos importantes.
- Você demonstra um desempenho consistentemente forte para que os colegas possam confiar em você.
- Você se concentra em grandes resultados em vez do processo.
- Você exibe tendência à ação e evita a paralisia da análise.

Coragem

-Você diz o que pensa, mesmo que seja controverso.
- Você toma decisões difíceis sem agonizar.
- Você assume riscos inteligentes.
- Você questiona ações inconsistentes com nossos valores.

Curiosidade

- Você aprende rápida e avidamente.
- Você procura entender nossa estratégia, mercado, clientes e fornecedores.
- Você tem amplo conhecimento sobre negócios, tecnologia e entretenimento.

Inovação

- Você reconceitua questões para descobrir soluções práticas para problemas difíceis.
- Você desafia as suposições prevalecentes quando garantido e sugere abordagens melhores.

- Você cria novas ideias que são úteis.

- Você nos mantém ágeis, minimizando a complexidade e encontrando tempo para simplificar.

Honestidade

- Você é conhecido por sua franqueza.

- Você não é político quando discorda de outras pessoas.

- Você só diz coisas sobre colegas de trabalho que dirá na cara deles.

- Você é rápido em admitir erros.

Altruísmo

- Você busca o que é melhor para a Netflix em vez do que é melhor para você ou seu grupo.

- Você não tem ego ao procurar as melhores ideias.

- Você arranja tempo para ajudar os colegas.

- Você compartilha informações de forma aberta e proativa.

A *política de não 'sem folga'*

Uma das coisas mais incomuns que a Netflix adotou ao longo do tempo e, certamente, para uma empresa de seu porte, inclui a substituição de uma política de folga padrão por um sistema de honra. Isso permite que os funcionários assalariados tirem o tempo que acharem apropriado, acertando os detalhes com seus chefes.

Abandonando as análises de desempenho em favor das análises 360°.

As avaliações de desempenho são outra área em que a Netflix está fazendo algo muito diferente de seus concorrentes. Seu foco é "contar a verdade sobre o desempenho" e não adoçar as coisas. A Netflix trocou as análises de desempenho formais em favor de um sistema informal de análise 360º.

Os gerentes agora têm conversas com os membros de sua equipe regularmente em função do trabalho que estão fazendo e se livraram do ritual que é a avaliação de desempenho tradicional.

Qual a chance de uma organização como esta alcançar o tão desejado sucesso e das pessoas terem sua carreira alavancada? Qual a chance das organizações que tentam perpetuar a cultura da pressão, da ameaça, da sobrecarga e do "estresse é normal", também, alcançarem sucesso e prosperidade do negócio e das pessoas? Sobretudo em tempos em que a saúde mental ganha a preocupação de todos, quando a ansiedade toma conta de vida diária de cada um, seja em casa, seja no trabalho.

Um caminho de reflexão que pode contribuir para o princípio de uma sensibilização e que afaste do senso comum, promovendo uma renovação cultural, pode ser conduzido pelas seguintes questões, como sugere o Siteware(2022), desenvolvedora de *softer* de gestão estratégia:

1. A sua estratégia de talentos está alinhada com a sua estratégia de negócios?
2. A sua empresa trabalha tão distintamente quanto compete?
3. Você entende o que significa ser membro da sua organização?
4. A sua cultura é estruturada para ser aprendida assim como a performance?
5. A cultura da sua empresa consegue manter o entusiasmo pela mudança e renovação mesmo quando os negócios não vão bem?

A demanda em saúde mental cresce. A necessidade de uma vida humanamente sustentável é urgente. O desejo de bem-estar, leveza e qualidade de vida é de todos. Todos os dias. Não é mais possível adiar e deixar para amanhã. Não há tempo suficiente para mais postergação.

Do mesmo modo que já está claro que nada se tem a perder construindo ambientes saudáveis, felizes e seguros. As necessidades de controle, de centralização, de desconfiança de exercício de poder e de competir cedem lugar a necessidade de compartilhar, confiar, cooperar e aprender, promovendo um movimento de evolução pessoal, humana e organizacional, que ainda que seja lento e se apresentem algumas resistências constituem em um caminho sem volta.

REFERÊNCIAS

BARRET, Richard. A Organização Dirigida por Valores. Liberando o Potencial Humano para a Performance e a Lucratividade. Alta Book Editora. Rio de Janeiro, 2017.

BECK, Judith. Terapia Cognitivo Comportamental. Teoria e Prática. Artmed, São Paulo. 2013.

BURLAMAQUI, Louis. Flua: pare de brigar com você e traga de volta seu alinhamento – um guia das competências emocionais. Editora Merope. Belo Horizonte, MG, 2018.

BURKET, Janaina Fernandes de Medeiros. Leis Psicofísicas. Disponível em: http://repositorio.furg.br/bitstream/handle/1/9440/5%20PSICOFÍSICA1.pdf?sequence=1#:~:text=Lei%20de%20Weber%3A%20Lei%20Geral,original%20é%20sempre%20uma%20constante.&text=Esta%20relação%20é%20designada%20fração,-para%20diferentes%20valores%20de%20C. Acesso em: 02 de Setembro de 2022.

BLEY, Juliana. Comportamento Seguro. Psicologia da Segurança no Trabalho e a Educação para a prevenção de Doenças e Acidentes. 2ª edição ampliada. Belo Horizonte/MG. Artesã Editora, 2014

CAPELAS, Heloísa. O Mapa da felicidade. Cure a sua Vida e Honre a sua História. Gente Editora, 2014.

CHAMINE, Shirzad. Inteligência Positiva. São Paulo. Editora Fontanar, 2013

CHAPMAN, Bob. Todos são importantes . O Extraordinário Poder das Empresas que Cuidam das Pessoas como Gente, e não como

Ativos. Alta Books, Rio de Janeiro, 2020.

DALE, H, Schunk. Teorias Del Aprendizaje. Editora Pearson Educacion, 1997.

DALIO, Ray. Princípios: Vida e Trabalho. Editora Intrínseca, Rio de Janeiro, 2018.

EDMONDSON, Amy. A Organização Sem Medo. Criando Segurança Psicológica no Local de Trabalho por Aprendizado, Inovação e Crescimento. Alta Books, Rio de Janeiro, 2020.

FUSCALDO, Liane Velloso. Avaliação do temperamento emocional e afetivo em usuários de cocaína. Pontifícia Universidade católica do RS. Faculdade de Medicina. Programas de Pós graduação e Ciências da Saúde. Porto Alegre, RS, 2012.

GOLEMAN, Daniel, PhD. Inteligência Emocional: A Teoria Revolucionária que Define O Que é ser Inteligente. Rio de Janeiro. Editora Objetiva,2007

GOLEMAN, Daniel, PhD. Foco. A atenção e seu papel fundamental para o sucesso. Rio de janeiro. Editora Objetiva, 2014

GONZAGA, Alessandra. Conexões Inteligentes: como gerenciar as emoções na vida pessoal e no trabalho. Porto Alegre, RS. AGE editora, 2010.

GUIA TÉCNICO NR-33 – Segurança e Saúde no Trabalho em Espaços Confinados. Brasília/DF. 2013.

GUSHI, Eurico. Percepção de Sintomas, necessidades e Aspirações, 2010 - www.criaviva.com.br,

HALLINAN, Joseph T. Por que Cometemos Erros? Como olhamos sem ver, esquecemos as coisas em segundos, e temos a absoluta certeza de estramos bem acima da média. São Paulo. Globo, 2009.

Instituto do Trabalho, Saúde e Organizações, Universidade de Nottingham,Nível B Casa Internacional, Campus Jubilee, Wollaton Road, Nottingham

NG8 1BB, UK - REVISTA PRIMA - Disponível em: <http://prima-ef.org/Documents/02.pdf, www.sesi.org.br/pro-sst.>. O SESI é responsável pela tradução para o português.

LARA, Diogo. Temperamento forte e bipolaridade. São Paulo. Editora Saraiva, 2009.

LEDOUX, Joseph. O Cérebro Emocional. Editora Objetiva. Rio de Janeiro, 2001.

LIPP, Marilda Emmanuel Novaes. Manual do Inventário de Sintomas de Stress para Adultos de Lipp – São Paulo. Casa do Psicólogo, 2000.

MONTEIRO, Nuno Luís Pereira. Inteligência Emocional: Validação de Construto do *msceit* numa Amostra Portuguesa. Mestrado integrado em psicologia - Secção de Psicologia Clínica e da Saúde - Núcleo de Psicoterapia Cognitiva-Comportamental e Integrativa. Universidade de Lisboa, 2009

MOURA, Ana Rita de Macedo. Libere sua Competência: transformando a angustia existencial em energia motivacional e produtividade. Rio de Janeiro, RJ. Qualitymark Ed. ABRH Nacional, 1999.

NATHANIEL, Branden. Los Seis Pilares de la Autoestima. Barcelona, Espanha. Editora Paidós, 1995.

PHILLIPS, Maya. Excelência Emocional. Um Curso sobre autodomínio. São Paulo/SP. Editora Madras, 1999.

ROSENBERG, Marshall B. Comunicação Não Violenta. Técnicas para Aprimorar relacionamentos pessoais e profissionais. Editora

Ágora. São Paulo/SP, 2006.

ROTTER, Julian – Generalized Expectancies for Internal Versus External Control of Reinforcement. Monografia de 1966.

SEBBEN, Lucia Simões. Avaliação Psicossocial – Psicologia Aplicada à Segurança no Trabalho. Editora Vetor, São Paulo/SP, 2018.

SELIGMAN, Martin E. P. Florescer. Uma Nova Compreensão sobre a Natureza da Felicidade e do Bem-estar. Editora Objetiva, Rio de Janeiro, 2011.

SELYE, H. Stress without distress. Philadelphia, PA: Lippincott, 1974.

THW, Engenharia e Inspeções.(n.d) O que São as Normas Regulamentadoras NR's?.https://thweng.com.br/nr13/normas-regulamentadoras-nrs.html

WILDE, Gerald. O Limite Aceitável do Risco. Uma Nova Psicologia de Segurança e de Saúde. Casa do Psicólogo. São Paulo/SP, 2005.

Sites:

https://www.ilo.org/brasilia/lang--en/index.htm, 2020.

https://jobs.netflix.com/culture?lang=Portugu%C3%AAs, 2020.

https://ambitojuridico.com.br/cadernos/direito-previdenciario/a-pericia-biopsicossocial-nos-requerimentos-judiciais-de-aposentadoria-por-invalidez, 2021.

https://www.who.int/eportuguese/countries/bra/pt/, 2022.

http://www.ismabrasil.com.br/, 2021.

Construindo ideias
e conectando mentes

Este livro foi composto com as tipografias
Electra Std, Montserrat e impresso em
Pólen Soft 80g. em setembro de 2025.